ÉLOGE

DE

BENJAMIN-CONSTANT,

PRONONCÉ LE 12 JUIN 1833

DANS LA CHAIRE DE L'ATHÉNÉE ROYAL DE PARIS,

PAR MICHEL BERR,

ANCIEN PROFESSEUR DE LITTÉRATURE ALLEMANDE DANS CETTE CHAIRE, MEMBRE DE LA SOCIÉTÉ ROYALE DES ANTIQUAIRES DE FRANCE ET DE LA SOCIÉTÉ PHILOTECHNIQUE DE PARIS, DES SOCIÉTÉS ROYALES-ACADÉMIQUES DE NANCY, METZ, GOETTINGUE, DES SOCIÉTÉS SAVANTES ET LITTÉRAIRES DE STRASBOURG, CAEN, NANTES, NIORT, CAMBRAI ET AUTRES DE LA FRANCE ET DE L'ÉTRANGER, ETC., ETC.;

AVEC UNE PRÉFACE ET DES NOTES.

PARIS,

TREUTTEL et WURTZ, libraires, rue de Lille, nᵒ 17,
et à STRASBOURG, Grand-rue;

TROUSSEL, Imprimeur, rue Saint-Guillaume, nᵒ 9, F.-S.-G.

NANCY. . . . . { GRIMBELOT, libraire, place Royale;
{ VIDAR et JULIEN, au Pontmoujar.

METZ. . . . . { GERSON LEVY, rue des Jardins;
{ TIEL, libraire, rue des Clercs.

GRENOBLE. . . | Librairie d'Éducation de PRUD'HOMME.

Et chez les autres principaux Libraires de Paris, de la France
et de l'Étranger.

1836.

IMPRIMERIE DE TROUSSEL,
rue Saint-Guillaume, 9.

PRÉFACE.

Il y a déjà deux ans passés que j'ai prononcé cet éloge dans la chaire de l'Athénée royal de Paris, devant une assemblée nombreuse et honorable, composée de personnes distinguées et bienveillantes, dont plusieurs des plus distinguées et des plus estimables, des plus bienveillantes pour moi, ont depuis, hélas! déjà disparu de ce monde et suivi de près celui à qui j'ai payé dans cet éloge le tribut de la justice, de la vérité, de mes regrets et de ma reconnaissance : parmi eux, le vertueux et éloquent pasteur Goëpp, orateur et poète sacré, souvent sublime, comme l'un et comme l'autre, rival toujours heureux, souvent vainqueur, par la douceur et la grâce, du profond et noble Klopfstock, dans la même langue et sur le même imposant sujet que l'immortel auteur de la Messiade. Immédiatement, après cet éloge a été imprimé et même déjà *tiré*, tel absolument que je l'ai prononcé, et que je puis seulement aujourd'hui le faire enfin paraître. Les causes de cet étrange retard tiennent à des événemens bien douloureux pour moi, auxquels je suis surpris et presque honteux de n'avoir pas succombé, dont je ne puis ni ne dois parler ici, qui seraient indifférens au public, et qui sont connus et appréciés de tous ceux qui m'honorent de leur intérêt, de leur justice et de leur amitié. J'avais l'intention d'accompagner cet éloge d'une préface qui aurait pu avoir quelque importance, de notes assez étendues, qui étaient déjà composées, qui ont été dispersées en mon absence, et que je viens de remplacer par d'autres beaucoup plus courtes; enfin, d'une nouvelle notice historique peut-être neuve pour quelques-unes de ses parties sur l'illustre et vertueux collègue et ami de B.-Constant, le général Lafayette, enlevé depuis aussi à la France, à la cause des peuples et de l'humanité. Des circonstances indépendantes de ma volonté me commandent d'ajourner ces divers additions à une seconde édition, que je puis espérer prochaine, non pas à cause du mérite, mais à cause du sujet de cet ouvrage, et de ne plus différer d'un seul jour, la publication d'un éloge qui renferme aujourd'hui l'expression, moralement et matériellement irrévocable, de mes persuasions les plus intimes, et qui, malgré le temps écoulé, la variété et la gravité des événemens accomplis, et de ceux qui, en ce moment, s'accomplissent encore, trouvera, j'ose en être bien sûr, chez tous les amis des lettres, de la philosophie, de la morale religieuse, de la France, de la civilisation et de l'humanité qui en prendront connaissance, pour l'homme si cruellement éprouvé qui en est l'auteur, de l'indulgence et une vive sympathie; et pour l'homme immortel et excellent dont il retrace la carrière illustre, les nobles travaux et les éminens services, les souvenirs de l'admiration, et les sentimens de la justice, des plus vifs regrets et d'une profonde reconnaissance.

ÉLOGE

DE

B. CONSTANT.

———————

MESSIEURS,

EN reparaissant, après un si long espace de temps, et après un si grand intervalle, à un âge et dans une position morale si gravement altérés, dans cette enceinte illustrée par tant de souvenirs et de regrets, par tant de douleurs, de gloires et de ravages, par de si nobles et si imposans monumens élevés à la civilisation et à l'humanité, et qui me pénètrent personnellement de tant d'impressions si diverses, d'affection, de regrets et de reconnaissance, à Dieu ne plaise que je veuille essayer de vous les faire connaître et apprécier, de vous les dépeindre et de vous les exprimer! Il est des émotions si justes, si profondes et si naturel-

les, que c'est déjà être bien loin de les éprouver assez vivement que de concevoir la possibilité de les rendre et de les communiquer par des
expressions et des paroles; et ceux-là sont déjà
bien peu dignes, bien peu capables de concevoir et de sentir ce que doivent être des impressions semblables, qui peuvent avoir besoin
de moyens aussi impuissans pour se faire d'impressions pareilles une idée suffisante en force
et vivacité, et en justesse. L'assemblée si distinguée, si noble et honorable par la réunion
des lumières, des vertus, de l'utilité et de la
considération sociale, devant laquelle j'ai l'honneur aujourd'hui de reparaître, trouvera, j'ose
en être bien sûr, dans la mémoire et dans le
cœur de ceux qui la composent, de quoi rendre
parfaitement inutiles des paroles toujours assurément aussi faibles qu'insuffisantes. Permettez
donc, aux approches d'une vieillesse amenée
bientôt par le temps, et hâtée par ses tristes vicissitudes, de vous offrir le silencieux et respec-
tueux hommage de ses souvenirs, à celui qui,
à un autre âge, à une époque déjà lointaine,
reçut, dans cette enceinte même, les témoignages indulgens d'une estime qui put lui faire
naître de consolantes espérances, en lui inspirant
une gratitude qui survivra même à ces espérances

évanouies ; mais s'il est de mon devoir de m'interdire rigoureusement de parler ici des graves et sérieuses vicissitudes qui ont surchargé de leurs nuages l'horizon de mes destinées, depuis les instans flatteurs et depuis long-temps écoulés que je viens de rappeler, je ne crois pas également, dans ces mêmes devoirs dont je ne puis m'écarter, de garder le même silence sur les mémorables changemens arrivés et accomplis, depuis cette même époque, dans les destinées de notre chère et noble patrie, et sur tout ce que le temps a amené depuis lors de digne de vos sympathies et de vos regrets, de vos suffrages patriotiques et de vos généreuses douleurs.

Sanglante et humiliée, la France souffrait encore de la journée funeste dans laquelle un grand capitaine, que la victoire avait élevé sur le pavois national, et qui voulut trop tard, en y remontant, y faire asseoir avec lui la modération, la justice et la liberté, vit s'échapper à la fois de ses mains le sceptre de sa brillante puissance, l'indépendance et la sécurité d'une grande nation qui était portée à lui pardonner les erreurs de son génie, parce que c'était de ce génie mieux éclairé qu'elle en attendait la réparation. Les légions européennes occupaient

encore, non-seulement les formidables boule-
vards arrachés par la force à de honteux traités, mais tous ceux dont le génie de Vauban
avait doté la puissance et la sécurité nationales.
Un drapeau, devenu étranger, en revenant
avec les cohortes ennemies, avait remplacé,
dans nos cités, le drapeau qui, à l'aurore de
notre régénération politique, fut celui de l'ordre, de la paix et de la liberté, et que mille victoires immortelles avaient rendu, aux yeux de
l'Europe, le vrai drapeau de la France, de sa
gloire et de son indépendance. Le fanatisme, la
haine et la vengeance avaient ensanglanté nos
contrées méridionales de leurs implacables fureurs, et toutes les contrées du monde se faisaient honneur d'accueillir nos illustres proscrits dont les talens et le courage s'étaient voués
à la défense de la cause nationale. Le monarque, il est vrai, qui avait eu la faiblesse de
concéder à la France du dix-neuvième siècle le
bienfait d'une charte constitutionnelle, au lieu
de l'accepter d'elle et de s'y soumettre, secondé
par les lumières et la conscience d'un ministre
éclairé, sincère et loyal, essayait, commençait
même à entrer dans les voies de sagesse, de
conciliation et de foi au serment, qui seules auraient pu rendre possible un avenir que d'avance

5

les passions commençaient déjà à détruire ;
mais, à côté du prince qui avait ambitionné le
titre de législateur, à côté de ses vrais amis,
sur les marches du trône, la contre-révolution,
la stupidité et le parjure, amoncelaient, aux
yeux pénétrans des amis de leur pays, les plus
épais et sombres nuages. Et combien de fois,
Messieurs, en quittant cette enceinte, où reten-
tissaient souvent des paroles courageuses de patriotisme et d'amour de l'humanité, vos regards
douloureux ne s'élevaient-ils pas vers le palais si
voisin * , séjour du prince instruit, modeste et
vertueux, modèle des vertus publiques, par sa
foi au serment, la franchise et la loyauté de son
caractère, modèle des vertus privées, des vertus
morales et domestiques, et dans lequel on aimait tant à saluer l'union de tous les souvenirs
glorieux de la France antique, et des plus nobles illustrations de nos annales contemporaines et nationales. Ah! si jamais, disiez-vous
alors sans doute, agités de si justes et tristes
pressentimens, si jamais, si un jour nos longues et déplorables discordes pouvaient trouver
un terme par une si noble alliance de ce qu'il y

* L'Athénée royal, rue de Valois, est situé vis-à-vis
du Palais-Royal qu'habitait le duc d'Orléans, aujour-
d'hui Roi des Français.

eut de beau et de grand dans la France ancienne et la France nouvelle! Ce qui n'était, dans vos cœurs attristés, qu'un vœu sans espoir, qu'une vague et lointaine perspective dans les champs d'une incertaine possibilité, un grand crime, un parjure insensé, quelques journées immortelles, la colère et le courage d'une grande nation, l'ont rendu une brillante, heureuse, et, tout nous le fait espérer, désormais inébranlable réalité. Le Roi des Français est élevé sur le pavois national; le vœu de la France, qui l'y a élevé, saura l'y maintenir. Entrée, depuis sa mémorable et dernière révolution, dans la carrière de toutes les conquêtes progressives et paisibles, dans le domaine de la civilisation, des lumières et de la liberté, elle est appelée à la parcourir sans reculer ni s'arrêter, et le drapeau patriotique, redevenu, au sein de nos cités, celui de la justice et de la liberté, est déjà redevenu aussi, pour les peuples unis à notre patrie par de nobles sympathies, le drapeau de l'espérance, ou déjà même de la victoire. Tel est, depuis que je n'ai paru dans cette illustre enceinte de la science et de l'amour de de l'humanité, l'immense, noble et heureux changement opéré dans les destins de notre patrie, qui fut et sera toujours celle des lettres, des arts et de la plus haute raison humaine. Mais aussi, depuis cette époque, que de ravages, que de douleurs, que de vides irréparables, que de larmes amères!!! Il n'est sans doute aucun de ceux qui aujourd'hui m'entendent, qui n'en ait aussi de vives, de profondes et d'inconsolables à déplorer : ce n'est pas de telles pertes, de telles douleurs, quelque dignes qu'elles soient des plus profondes impressions, dont il peut m'être permis de dire ici quelques mots; mais il est des pertes énormes pour la civilisation et la perfectibilité humaines, et qui rappellent d'éminens services rendus, de grandes et nobles gloires acquises dans cette même enceinte qui a été tant de fois le théâtre d'autres semblables : de ces pertes, Messieurs, il m'est permis de parler ici ; il peut même être de mon devoir de le faire. Cette chaire, la chaire où je reparais aujourd'hui peut se regarder comme veuve d'hommes illustres qui l'ont occupée avec éclat, et qui, depuis que j'avais eu l'honneur de l'occuper moi-même, ont disparu successivement de la scène de ce monde, où ils brillaient par leurs talens, leur savoir et leurs vertus. Cuvier, dont le génie fit faire de si immenses conquêtes à la science de la nature, et qui ici même en dépeignait avec tant d'éloquence les mystères, les merveilles et la richesse! Victorin Fabre, que regretteront si long-temps et si amèrement les lettres, la philosophie, la morale religieuse et surtout l'amitié! Plus récemment encore l'excellent et profond Jean-Baptiste Say, qui, en faisant l'objet des études de sa vie entière du bonheur et de la prospérité des hommes et des peuples, le faisait à la fois avec son âme et avec sa raison!

Mais quelle perte peut être comparée à celle du grand citoyen, de l'écrivain ingénieux et profond, de l'admirable philosophe et moraliste, de l'homme excellent par les sentimens du cœur, le patriotisme le plus sincère et le plus vif amour de l'humanité; qui, dans cette enceinte aussi, dans cette même chaire où je reparais aujourd'hui, a acquis aussi quelques-uns des titres de sa gloire immortelle, et qui, dans deux cours, dont les souvenirs ne sont assurément effacés de la mémoire d'aucun de vous, Messieurs, vous a fait apprécier les deux plus grands, les deux plus nobles et graves intérêts de l'humanité, la liberté, la justice, l'indépendance de notre pensée, de nos actions, de notre conscience dans ce monde; dans un cours sur l'histoire de la législation du peuple qui, le premier parmi ceux de l'Europe, en a commencé la conquête; et ces espérances d'une justice, d'une égalité, d'une félicité infinie et éternelle, dans un autre monde que celui de nos combats et de nos épreuves, espérances indestructibles dans la raison, dans la conscience et dans les persuasions humaines; dans ce cours sur les croyances religieuses, qui a précédé ici l'ouvrage célèbre, principal titre de sa gloire littéraire et philosophique, et qui vous a fait jouir les premiers des prémices de ses richesses les plus précieuses : leçons dont les souvenirs sont encore empreints dans votre mémoire et dans votre admiration, et qui furent suivis de cet éloge mémorable aussi d'un Anglais célèbre par le patriotisme, la morale et l'amour de l'humanité, morceau d'éloquence et de philosophie, dans lequel B. Constant sut réunir aussi quelques-unes des idées religieuses, nobles et élevées, des principes de liberté et d'indépendance, qui ne le sont pas moins, et qu'il avait si richement répandus dans les deux cours si mémorables, par lesquels lui aussi, illustra cette enceinte. Quel éloge fut donc jamais un tribut plus juste et plus mérité que celui de l'immortel B. Constant, ici, où je fus assez heureux pour vous faire apprécier les beautés et les richesses d'une littérature, dont celui de qui je viens rappeler ici le talent, le génie et la gloire, vous fit connaître dans des rhythmes élégans et harmonieux, l'un des plus admirables chefs-d'œuvre dramatiques, accompagné d'un morceau de goût et de philosophie, ouvrage de sa propre conception et digne lui-même d'être rangé parmi les chefs-d'œuvre les plus remarquables de notre langue et de notre littérature! Mais cette tâche immense, comme la carrière et les nobles influences sociales de celui qui en sera l'objet, est bien au-dessus de mes faibles talens, de mes insuffisantes lumières, et même au moment où je suis arrivé de mon existence, de mes forces morales et physiques tout entières.

Depuis l'instant qui enleva B. Constant à la France, à l'Europe, à l'esprit humain et à l'humanité, si peu de temps après l'immortelle révolution, dont son âme et son génie étaient à la fois un des plus beaux ornemens et des plus brillantes espérances, et lorsque d'épais et sombres nuages couvraient encore l'horizon de la patrie, et que les craintes amères, pour un cœur comme le sien, attristaient les dernières heures d'une carrière terrestre, qui avait tant de titres à un terme de calme et de sérénité, depuis que cette perte immense par elle-même, et le moment où elle a eu lieu, a été faite pour la civilisation et l'humanité, des tributs de justice, d'admiration et de reconnaissance, ont été payés à B. Constant de toutes les parties du monde civilisé; toutes justes, nobles et distinguées, sont néanmoins toutes aussi incomplètes et insuffisantes, elles ne s'adressent qu'au grand citoyen, à l'ami d'une sage et vraie liberté, au Français dévoué à la cause nationale, et qui a rendu à cette noble cause de si longs et de si immenses services; mais l'écrivain éminent, le savant, l'érudit, s'il était possible plus éminent encore, le moraliste, le philosophe inappréciable, l'explorateur pénétrant de tous les mystères du cœur humain, l'écrivain qui a rendu les plus incommensurables services au besoin le plus noble, le plus pressant du cœur humain, à ce besoin du sentiment religieux, de ses formes, de ses manifestations, constantes, variables et perpétuelles, l'homme excellent, sincère, affectueux, l'ami fidèle, plein de foi, d'ardeur, d'affection et de bienfaisance; voilà ce que dans notre immortel B. Constant, aucun de ceux qui, immédiatement après qu'il eut été enlevé, ont payé à sa mémoire le tribut de leurs regrets et de leur justice; voilà ce qu'ils n'ont pu faire connaître et apprécier. Les études et les efforts de mon humble carrière, sympathiques à ses travaux et à ses conceptions immortelles, mes vœux et mes prévisions sur les plus graves intérêts moraux de l'humanité, qui furent dignes quelquefois de ses glorieux et encourageans suffrages; les circonstances qui multiplièrent les témoiguagnes d'amitié dont il m'honorait, les expressions de la reconnaissance qu'il m'inspirait, et par-là des relations qui donnèrent à notre grand citoyen l'occasion de me rendre témoin de ses manifestations les plus intimes, sur les plus mémorables événemens contemporains, parmi ceux dont il fut l'un des plus illustres et généreux acteurs : voilà, Messieurs, ce qui donnera peut-être à la tâche que je vais remplir devant vous, le simple, le seul, mais le grand et important mérite de quelque nouveauté dans les faits et dans les choses, de la spécialité dans le devoir et la vocation. Encore une fois, Messieurs, l'expression sincère, illimitée de ce que me rappellent mes souvenirs et ma raison, de ce que me dictent et m'inspirent ma conviction et ma conscience, dans la diversité encore si éminente des persuasions morales et sociales, également vraies et généreuses, pourra, je le répète, m'attirer

des suffrages et des oppositions également remarquables et imposantes ; tous néanmoins,
j'ose en être persuadé, vous m'accorderez foi
sincère, estime et confiance à mes récits, à mes
paroles et à mes assurances ; indulgence et
bonté à la faiblesse des lumières et du talent
avec lesquels il me sera possible de vous les
soumettre et de vous les présenter.

Quelle tâche, Messieurs, m'est imposée !
quel devoir noble et difficile de vous retracer
la longue, orageuse et féconde carrière de notre
publiciste, depuis son aimable, gracieuse et
fortunée jeunesse écoulée au milieu des affections les plus douces, des plus riantes et des
plus délicieuses impressions, au sein des études
les plus sérieuses, les plus élevées et les plus
approfondies, de faire passer ensuite rapidement à vos yeux sa mâle et vertueuse carrière
de combats, de sacrifices, d'inébranlable, d'irrésistible courage pour tous les intérêts graves
et sacrés de la morale, de la justice et de l'humanité ; jusqu'au moment dont le souvenir est
encore dans vos cœurs attristés, et y restera
bien long-temps encore, où chargé de gloire,
d'années, de fatigues et de douleur, il termina
cette noble et précieuse carrière, si peu de
temps après le triomphe de la cause sacrée, à

laquelle, par son âme et son génie, il eut une part si féconde et si immense! Quand sa dépouille terrestre fut accompagnée jusqu'aux lieux où elle repose, par la noble population toute entière de cette capitale, à si juste titre regardée comme celle du monde civilisé, par tous les amis des lettres, des sciences et des arts, qui virent disparaître en lui leur ornement, leur gloire et leur modèle, et par ces classes entières du peuple, non moins nobles, et récemment si dignes d'admiration, vouées au travail, aux vertus austères, à la patience et à la résignation, et qui pleuraient dans notre immortel publiciste, leur ami, leur défenseur, leur soutien et leur appréciateur, et quand la France toute entière, en apprenant que la cause de son triomphe passé et de ses triomphes progressifs et futurs avait perdu leur plus bel ornement et leur plus riche espoir, se couvrit soudain d'un deuil qui surpassa celui du premier, du plus grand de nos orateurs, du plus généreux et du plus éloquent de nos guerriers patriotes.

C'est à Lausanne, le 27 octobre 1767, que B. Constant avait reçu le jour. Sa naissance coûta la vie à sa mère, et le premier instant de sa vie lui imposa ainsi la privation de jouissances et de peines qui, l'une et l'autre, eussent

été bien vives et profondes pour lui, d'après ce que
le reste de sa carrière nous montrera de la vivacité et de la profondeur de toutes ses affections,
dans la plus douce et la plus sacrée desquelles
il se trouva frappé en la commençant. Dès que
sa raison et son cœur se formèrent, ses premiers regrets et ses premiers souvenirs furent,
si je puis m'exprimer ainsi, pour celle qu'il n'a-
vait pas connue, et qu'il n'a pu aimer qu'après
qu'elle eut cessé d'exister ; d'autres souvenirs
d'un autre genre, et qui devinrent bientôt pour
lui des traditions de famille, durent agir vivement sur ses impressions, pendant que s'écoula
son enfance à la Chablière, campagne des envi-
rons, et propriété de sa famille. Son père descendait d'une des victimes de la persécution religieuse qui déshonora la fin du règne de
Louis XIV, et qui força tant d'utiles citoyens
à quitter leur patrie : persécution aveuglément
et si faussement religieuse, qui donna une si
funeste direction toute contraire au siècle sui-
vant, et par là prolongea son influence jusqu'à
nos époques contemporaines.

On ne sera pas étonné d'apprendre que Henri
Benjamin Constant tenait à deux familles également célèbres par leur courage, leurs talens et
leur persécution. Par son père, il descendait du

capitaine Constant, qui fut blessé en sauvant la vie à Henri IV à la bataille d'Ivry, et qui reçut de lui cette devise honorable : *In arduis constans*, constant dans l'adversité, et obligé de sortir de France, parce qu'on l'y accusait d'avoir voulu fonder une république. Par sa mère, il était issu de Charles-Jean Dieu, lieutenant-général, marié à une fille de Philippe de Mornay, et petit-fils lui-même d'Antoine de Jean Dieu, ami d'Henri IV, ardent orateur et ministre protestant, qui, pour échapper au glaive du fanatisme, se retira à Genève avec d'autres ministres protestans, peu de temps après les massacres de la Saint-Barthélemi.

Les traditions des générations passées ne furent pas sans doute sans influence sur les premières impressions de l'enfance et de la jeunesse de B. Constant. Il eut un frère dont la carrière honorable n'eut rien de pareil à la sienne; une sœur à qui il ne cessa de consacrer la plus vive affection fraternelle jusqu'au moment où, à la fin de sa carrière, il put lui en donner des témoignages qui durent encore; une branche de sa famille, restée catholique, était demeurée en France; l'aïeul de B. Constant se refugia à Genève. Les droits de citoyen ayant été rendus par l'Assemblée constituante aux descendans des religionnaires, le père de B. Constant, qui était venu à la tribune de cette immortelle Assemblée, réclamer cet acte de justice, acheta des propriétés dans la Franche-Comté, où il a terminé sa carrière. Son fils avait profité comme lui de la loi qui le rappelait, et c'est ainsi que la France acquit un de ses plus généreux enfans, un de ceux dont la gloire contribuera le plus, dans les siècles futurs, à la gloire et aux illustrations nationales. C'est donc au sein de la plus douce et la plus riante des villes de la Suisse, où les mœurs patriarchales et la simplicité des goûts s'allient à l'énergie républicaine; c'est sous les inspirations et les influences du patriotisme héréditaire, de la foi et de la conviction religieuse caractérisque de la nationalité et de l'existence morale de la noble Helvétie, des enfans de Guillaume Tell, et des souvenirs de famille les plus riches en fidélité et en courage; c'est ainsi que B. Constant trouva la base de son affection, de son existence morale toute entière, et qui se reconnaît, à travers leurs variétés infinies, dans tout le cours de sa noble carrière sociale.

Après que sa raison et son cœur eurent été pénétrés de ces ineffaçables impressions, il alla commencer des études plus sérieuses à la célèbre université anglaise d'Edimbourg, et bientôt après les acheva dans la docte, paisible, et non moins célèbre université allemande d'Erlangen. Le patriotisme, la nationalité, la simplicité, l'affection et la foi de la noble et libre Helvétie, où, malgré les réformes nouvelles que réclame la marche du temps, et qu'elle obtiendra, subsiste encore dans toute sa force, l'empreinte de sa vertueuse révolution, d'affranchissement et de délivrance, les traditions de liberté, de droit et de justice héréditaires, de la civilisation et de la législation et de la volonté de l'Angleterre, quoiqu'elle soit si loin d'y avoir été toujours fidèle, d'en avoir constamment joui; enfin la philosophie et la littérature allemandes, qui nous é èvent l'âme, l'une par les doctrines les plus ravissantes vers les régions les plus éminemment élevées au-dessus de notre chétive et périssable existence terrestre, l'autre par l'expression sublime et sainte des sentimens de l'enthousiasme et de la persuasion qui élève aussi l'humanité au-dessus d'elle-même ; tels furent les élémens qui formèrent l'existence intellectuelle et morale de notre illustre B. Constant. Quelle réunion électrique des plus rares et des plus vives impressions sur la raison et le cœur! et c'est ainsi, avec tout ce qui peut perfectionner l'une, ennoblir et élever l'autre, qu'il se consacra à la cause de notre première régénération politique de 1789, dont à peine les premières et mémorables scènes commençaient à fixer les regards du monde, pendant que, dans ses doctes et pénibles études, le jeune B. Constant s'initiait dans tous les secrets de la sagesse, de la science et de la vertu anciennes et modernes, et c'est avec de telles richesses dans l'âme et dans le génie que, dès ses plus jeunes années, il consacra sa vie toute entière à la cause si noble et si généreuse de notre première régénération politique.

Mais ce mémorable et glorieux commencement de tant d'autres événemens si divers et mémorables aussi, dans ses élémens et ses causes motrices, était-il bien à la hauteur de cette tendance, de cette perfection intellectuelle et morale dans le sens de laquelle se plaisait de la voir et s'efforçait de la faire marcher, s'avancer et s'accomplir notre grand citoyen, notre immortel publiciste? Une dénégation presque complète vous paraîtra sévère, téméraire, imprudente : elle peut l'être en effet, je ne veux pas en douter ; mais elle sera, soyez-en persuadés, aussi sincère que méditée et consciencieuse.

Pour que les grandes, violentes et complètes révolutions politiques portent, aussi prompte- ment que peuvent le permettre les intérêts et les passions qui leur sont contraires, et d'une manière aussi complète que salutaire et dura- ble, les fruits précieux, doux et fertiles qu'en attendent les hommes supérieurs et généreux qui se vouent à leur cause et à leur triomphe, il faut qu'une autre révolution d'un autre genre, pacifique, et cependant sérieuse et difficile, l'ait précédée et l'ait rendue efficace, une révolu- tion dans les mœurs, la morale, les persuasions et les inclinations sociales du peuple qui entre- prend la tâche imposante et périlleuse, et ce- pendant nécessaire, de bouleverser et de modi- fier d'une manière fondamentale les bases et les conditions de son existence sociale tout entière. Une révolution semblable précéda l'époque où, après de si longues et heureuses influences des mœurs, du climat et de l'éducation, s'affran- chirent soudain les enfans de l'Helvétie du joug devenu intolérable d'une puissance dont le foyer était éloigné, et la domination oppressive ; elle précéda surtout cette noble et immortelle insurrection des Bataves, qui n'ont pas cessé encore d'être en Europe les fils aînés de la li- berté et de la tolérance (1), lorsque, mûris par l'influence heureuse et puissante de la réforme religieuse du seizième siècle, en arborant l'étendard d'une foi sincère et régénérée, ils brisèrent le joug odieux et stupide de l'Espagne et de l'inquisition, et triomphèrent des cohortes étrangères de l'une, de la milice fanatique de l'autre. Une révolution pareille n'avait pas moins précédé le moment, qui fut celui de la juste et noble émancipation des états de l'Amérique septentrionale. Ils avaient suivi, surpassé leur illustre métropole dans la carrière de la liberté, de l'examen, et surtout de la tolérance sur les matières religieuses ; ils lui étaient devenus étrangers par les intérêts, les besoins et les habitudes ; et quand, aux jours lointains de sa jeunesse, accourut vers des rives dejà affranchies, l'illustre et vertueux citoyen, dont la noble vieillesse attire de toutes les parties du monde les hommages des amis de l'humanité, la justice et la nécessité avaient déjà également sonné l'heure de leur affranchissement du joug d'une patrie qui avait cessé de l'être pour eux : aussi, malgré le prolongement plus ou moins déplorable de guerres longues, sanglantes, mais régulières et, si je puis m'exprimer ainsi, naturelles, ces trois glorieuses révolutions eurent-elles un succès complet, et dont les nobles résultats sont à jamais impérissables pour la civilisation et le perfectionnement de l'espèce humaine. C'était à une révolution semblable que notre immortel publiciste aurait voulu consacrer les richesses de sa haute raison, les inspirations de son âme généreuse ; c'est à elle qu'il croyait se vouer bien réellement. L'avenir d'une ère si brillante et si pure, peut encore, espérons-le, s'ouvrir aujourd'hui devant nous ; mais s'offrait-elle à nos yeux à la première des époques mémorables dont les symboles et les insignes nous sont à tous si chers, et le deviendront tous les jours davantage ? l'histoire répond pour moi, et me dispense de répondre moi-même. A une époque de brillant despotisme, glorieuse pour le courage et le génie de notre nation, mais entièrement inféconde pour le bonheur de ses classes populaires, et que terminèrent avec le règne d'un roi qui, par la grandeur de son siècle, fut surnommé le Grand, les violences et les mensonges du fanatisme et de l'hypocrisie, et que, en parlant de la famille de notre immortel publiciste, j'ai eu occasion de rappeler au commencement de ce discours, succéda, par une marche et une réaction trop naturelles dans les classes élevées par le rang et la fortune, et dans celles supérieures par la pensée et la culture intellectuelle, une époque de matérielle et désolante dissolution dans l'une, et de destruction de toutes les garanties morales de la société dans l'autre, tendance funeste contre laquelle luttèrent envain quelques esprits éminens, mais surtout l'écrivain de génie qui a, avec celui dont le souvenir nous réunit aujourd'hui, tant de rapports frappans d'origine, de portée et d'intention, l'auteur de l'*Emile* et du *Contrat social*. Cependant l'heure suprême avait sonné pour les abus monstrueux et caducs de la noblesse, de la féodalité et de l'intolérance religieuse; une réorganisation sociale était partout réclamée; elle était devenue inévitable. La justice et la vérité attestent que l'infortuné Louis XVI alla au-devant de ce que demandaient à grands cris la raison et l'humanité. L'égoïsme et la dépravation de la plus grande partie des classes nobiliaires et sacerdotales l'empêcha dès-lors, comme jusqu'au terme fatal de sa carrière, de suivre l'impulsion que lui donnait son cœur naturellement bon et généreux. Alors éclatèrent ces mémorables événemens que des hommes endurcis et aveugles nommèrent une révolte, et auxquels un illustre et vertueux citoyen donna son véritable nom

en l'appelant une révolution ; elle se trouva con-
fiée à l'illustre Assemblée qui, par un immortel serment, en avait donné le mémorable si-
gnal ; là siégeaient en grand nombre ces guerriers orateurs et citoyens, qui déjà, sous Washington, avaient, aux rives d'un autre monde,
combattu pour la cause de notre liberté, et à
leur tête le plus digne ami du plus digne émule
de Franklin, celui dont la glorieuse vieillesse
est encore l'objet de tant d'amour et de reconnaissance ; là siégeaient aussi des jurisconsultes,
des orateurs, des économistes célèbres, quelques savans et quelques écrivains dont les noms
étaient inscrits avec honneur dans les fastes de
la gloire contemporaine. Les abus oppressifs et
absurdes d'un régime prêt à s'évanouir dispa-
rurent sans peine au souffle de leur haute raison
et de leur patriotisme ; mais cette Assemblée à
jamais illustre, combien, dans l'état intellectuel et moral où était notre nation, put-elle
renfermer de ces génies vastes et profonds, capables d'élever un édifice nouveau et solide sur
les ruines des décombres dispersées ! Combien
renferma-t-elle, en effet, de ces hommes dont
je viens de retracer si imparfaitement le caractère, et la nature de leur grave et créatrice importance, de ces hommes rares, supérieurs,

et alors si nécessaires? Mon jugement ici pourra
paraître encore une fois imprudent et téméraire;
mais ici aussi l'expression en est vraie et sincère. Pour apprécier ce qui doit être une réponse consciencieuse à cette grave question,
rappelons-nous quel fut le moment de la convocation de cette Assemblée immortelle ; les illustres réformateurs dont les talens et la capacité avaient travaillé avec tant de gloire et de
succès à pencher vers son inévitable destruction
l'édifice de l'oppression féodale et de l'intolérance religieuse, et que leur raison et leur génie
eussent conduit bientôt vers une autre et nouvelle voie de régénération morale et sociale,
Rousseau, Montesquieu, Diderot et Thomas,
Mably et Condillac, Voltaire (2) qui, à la fin de
son illustre carrière, commençait à apprécier, à
cette époque ce qu'à ses époques les plus brillantes il avait célébré comme poète ; tous déjà
avaient cessé de faire la gloire d'une époque
dont on ne devait voir d'abord, d'après la
marche naturelle des choses, que le brillant re-
flet, et qui, plus tard seulement, devait être
suivi d'une nouvelle époque de pensées, d'expérience et de réorganisation, époque à la tête
de laquelle devait marcher l'immortel écrivain
dont la gloire impérissable nous réunit aujour-

d'hui dans cette enceinte : dans l'intervalle de ces deux époques également et si diversement remarquables, deux hommes, doués d'une force et d'une hauteur comme celles que je signalais tout-à-l'heure, se trouvaient dans cette Assemblée si riche en talens distingués et en hautes vertus. Le colosse de la tribune, qui l'était aussi par l'immensité de son savoir et de sa conception, ce Mirabeau qui portait dans son cœur le culte de la monarchie et de la liberté, mais que la morale et la politique, la société, les mœurs et la vertu ne peuvent peser dans la même balance, et cet illustre auteur des Droits de l'homme, celui qui avait partagé avec Lafayette la gloire d'une si inappréciable rénovation, et partagé avec lui le bonheur de voir, dans leur vieillesse, l'accomplissement du triomphe d'une cause aux premiers succès de laquelle, au commencement de leur carrière, ils contribuèrent avec tant d'éclat et de vertu ; Sièyes, qui, long-temps même avant qu'une révolution si pure, et juste dans son origine, eût dévié de sa première ligne, s'était écrié dans sa vertueuse colère : « Ils veulent » être libres, et ne savent pas être justes ! » et à qui il était réservé de voir enfin s'approcher le moment fortuné où resteront inséparables pour notre chère et glorieuse patrie, et bientôt aussi

pour la civilisation et l'humanité tout entière,
la justice et la liberté. Entre ces deux hommes
de génie si différens, mais également si profonds et supérieurs sur les bancs de cette Assemblée immortelle, si riche en illustrations,
en mérite et en savoir, quelle eût été l'influence
de notre immortel publiciste, qui alors s'enri-
chissait des trésors et des inspirations de sa
terre native et des terres classiques de la philosophie et de la liberté, et s'élevait à une
hauteur et à une étendue de savoir et de lumières déjà si prodigieuse! Cette influence eût
été immense sans aucun doute, et elle eût peut-
être arrêté dès-lors ce torrent des révolutions
qui depuis n'a pas cessé le cours de ses destructeurs et implacables ravages, en nous faisant
jouir dès-lors aussi de ces institutions conservatrices et pondérantes, non moins inflexiblement
nécessaires que la destruction des injustices oppressives que le temps avait rendues non moins
injustes qu'iniques. Pendant la durée de cette
Assemblée dont l'ouvrage fut assis sur des bases
si fragiles, et qui devait s'écrouler avec une si
déplorable promptitude, B. Constant, après
avoir achevé ses études, était revenu dans son
pays natal; il s'était lié par l'amitié la plus vive
et la conformité des goûts, des opinions, des

pensées et des plus généreux sentimens, avec
l'illustre Mme Staël, et celui dont elle était la
digne fille, Necker, dont les lumières et les
vertus eussent été si capables de se réunir avec
une puissante efficacité au génie de Mirabeau et
de Sièyes, s'ils eussent pu, les uns et les autres, trouver l'appui de l'immensité de savoir,
et de la profondeur de pénétration dont B. Constant amassait les immenses et incomparables richesses. Bientôt après son père le conduisit une
première fois à Paris; là il fut présenté dans la
société de Suard, autour duquel beaucoup d'entre nous se rappellent encore d'avoir vu se réunir les plus hautes illustrations des sciences,
des lettres et des arts; et ce fut à cette époque
aussi qu'il vit pour la première fois le grand, le
vertueux citoyen, à l'illustration et au noble
caractère duquel il avait déjà voué une admiration qui devait plus tard devenir une amitié
dont ma faible voix aura à rappeler à votre mémoire, qui en a conservé l'empreinte, non moins
que tant d'autres, les témoignages si variés,
et si invariables en même temps, dans leur pure
et généreuse constance. Il fut conduit aussi et
présenté à la cour de Bruxelles, qui y avait établi le gouvernement de la maison d'Autriche;
il n'y resta que fort peu de temps, et son père,

qui avait connu à Bruxelles le duc de Brunswick, l'attacha à sa cour à l'âge de vingt et un ans. Cette époque de sa vie eut une influence trop grande sur tout ce qui allait la suivre pour qu'il puisse m'être permis de ne pas lui consacrer quelques courtes et bien rapides paroles. L'étiquette et le cérémonial qui y régnaient, augmentèrent naturellement les invincibles inclinations de simplicité, d'égalité et de liberté que lui avaient inspirées les époques, les inspirations sous lesquelles s'étaient écoulées les premières années de sa carrière sociale; ce fut là aussi qu'on lui fit contracter une union qui ne pouvait être durable, puisqu'elle n'avait pour lui rien de ce qui, pour un caractère comme le sien, était indispensable pour le bonheur, les sympathies de l'esprit et du cœur, et que la religion dans laquelle il était né, ainsi que la femme de qualité à laquelle la duchesse de Brunswick elle-même avait travaillé et était parvenue à l'unir, lui permettait de rompre un lien qui ne pouvait ni lui donner le bonheur, ni lui faire goûter celui de l'offrir et de le partager. Ce fut là aussi qu'il vit pour la première fois celle qui, de longues années après, devait devenir la compagne de ses destinées; leur esprit et leur cœur étaient à la hauteur l'un

de l'autre : que pourrais-je ajouter à ces paroles sévères et consciencieuses de justice et de
vérité, si ce n'est ces paroles prononcées par un
de ses plus dignes collègues et amis dans le
sein de cette Société de la morale chrétienne,
qui avait fait un choix si digne d'elle en l'élevant à la présidence peu de temps avant notre
révolution de juillet : « C'est elle, dit son digne
biographe, qu'après quatorze années d'une séparation absolue il conduisit à l'autel; c'est
sous sa main chérie que, vingt-trois ans après
la plus heureuse et la plus tendre des unions,
son cœur a cessé de battre. » C'est pendant son
séjour à Brunswick qu'éclata la révolution française ; c'est là que, mûri de bonne heure par
une intelligence et une instruction si éminente
et précoce, il put prévoir et vit se développer
ses phases si diverses et successives, nobles et
généreuses, atroces et effroyables ; c'est là qu'il
se promit à lui-même, qu'il s'imposa le devoir
de consacrer, dès qu'il lui serait possible de le
faire, toutes les nobles facultés de son âme et
de son esprit, à la défense d'une cause qu'il aimait, qu'il appréciait avec les trésors de l'un,
avec les inspirations de l'autre, de consacrer sa
vie au triomphe d'une cause qui devait, hélas !
l'acquérir si tard et le perdre sitôt, tel qu'il le

concevait; qu'il y travailla quarante années, depuis le moment où il l'embrassa jusqu'à celui où
il put l'espérer et où il lui fut enlevé, tel enfin
que l'ont voulu vainement jusqu'ici, et que
l'obtiendront encore la justice, la raison, la civilisation et la morale. Que d'impressions opposées les unes aux autres devait faire naître, en
se séparant, dans son esprit si mûr et enrichi,
notre illustre Assemblée constituante! qu'il devait applaudir à ses justes et sages destructions
des derniers vestiges de la féodalité, cadavre des
temps de barbarie subsistant au milieu des
lumières et de la civilisation renaissantes;
d'une noblesse anéantie au souffle des hommes
qui l'honoraient le plus par des talens et des
vertus; de cette monstrueuse diversité de lois,
de coutumes et d'usages dans les diverses parties
de cette belle France, qu'unissaient ensemble,
depuis plus d'un siècle, les liens de la gloire,
de la force, des lumières et de la philosophie!
mais aussi qu'il devait déplorer l'absence si complète des conditions conservatrices qu'un jour
devaient nous offrir son patriotisme et son génie! qu'il devait peu espérer de cette réconci-
liation devenue impossible après la criminelle
défection de Varennes, et qui fut tentée avec
non moins d'imprudence que celle qui avait fait

commettre les fautes déplorables et mutuelles qui devaient la faire craindre et attendre! Et qu'il devait regretter surtout de voir cette Assemblée renoncer au droit, qui était pour elle un devoir, de soutenir elle-même le fragile édifice qu'allaient faire écrouler bientôt d'indomptables passions et sa propre faiblesse! Qu'aurait attendu notre grand citoyen de cette Assemblée législative, où il ne faut pas regretter sa présence comme à l'Assemblée constituante; car là elle eût été inféconde et inutile. Qu'eût-il fait dans cette Assemblée où de grands talens et de grands caractères se consumaient en de vains et généreux efforts pour défendre ou pour attaquer, et que les trahisons, les imperfections, les haines du dehors et du dedans rendaient également impossible, et qui tous devaient s'attendre à devenir les victimes de leur stérile constance par l'un des deux résultats alors possibles; les uns par le triomphe d'une émigration parricide, les autres par le débordement d'un torrent qui devait bientôt les entraîner dans l'abîme! C'est à Brunswick qu'il apprit le cruel, mais inévitable 10 août, et qui n'était que le triomphe d'une révolution nécessaire et victorieuse, sur une royauté chimérique et impossible: heureuse la France si le même jour eût pu voir fonder une monarchie libre, nouvelle et nationale. Bientôt que de joie et de douleur, d'espérance et d'effroi pour un cœur si dévoué à la France, qui devait plus tard être fière de le compter parmi ses enfans ! Il avait quitté la demeure et le séjour de Brunswick à l'instant où le traversaient les phalanges qu'appelaient sur leur patrie des Français dénaturés. Il était revenu à Genève, près de sa digne amie, l'immortelle fille de Necker, et c'est là qu'il apprit cette noble et patriotique victoire de Valmy, devant laquelle pâlissent, dans les temps anciens, Marathon, Salamine et Platée, et à laquelle ne peut être comparée, dans les temps modernes, que cette victoire de Morath, à laquelle devait aussitôt le comparer, avec délices, le patriotisme natif de notre immortel écrivain. Quel baume consolateur le récit de ces triomphes nationaux devait être pour son cœur, si dévoué à cette cause, après que peu de jours avant, il avait été déchiré par le récit des crimes, à jamais horribles et mystérieux, de l'affreux 2 septembre ! Enfin c'est là aussi qu'il apprit la convocation et le premier acte si mémorable de cette Assemblée à jamais célèbre par les choses admirables qu'elle a eu la gloire d'accomplir, et par les crimes affreux qu'elle a eu le malheur de ne pouvoir empêcher,

cet acte mémorable , réclamé d'abord dans une
assemblée unanime pour la reconnaître , par la
voix de deux hommes qui eurent alors certai-
nement, l'un envers l'autre , leurs premières et
leurs dernières sympathies : l'un , histrion et dra-
maturge , célèbre déjà par ses vices et son ambition ; et l'autre , ministre pur , sincère , fer-
vent , de la foi évangélique , et qui resta , jusqu'à
son dernier terme long-temps reculé , fidèle au
culte de sa croyance (3) , des lettres , de la vertu
et de l'humanité ; cet acte mémorable , il y applaudit sans doute : je ne crains pas , en le disant
ici , de prononcer des paroles contraires à ce
que j'ai déjà dit , à ce que je dirai encore
de ses opinions , de sa conduite et de ses persuasions futures. Une monarchie qui avait cessé
d'être une réalité venait de s'écrouler , de disparaître ; d'ignobles geôliers tenaient dans leurs
chaînes Louis XVI et une partie de son infor-
tunée famille ; l'autre s'avançait sur le sol de la
patrie à travers des légions étrangères. Le généreux Lafayette qui était resté fidèle à une cause
dont il ne pouvait espérer ni même désirer le
succès , proscrit par des amis imprudens ou
implacables de la liberté , était plongé dans les
cachots par ses ennemis les plus acharnés , lorsqu'allait cueillir ses premières palmes civiques ,

le jeune prince-citoyen, paré des couleurs nationales, gage de paix et d'alliance qui brillait
déjà pour nos pères à l'instant où commençaient
leurs malheurs et les nôtres, et que la Providence
nous a réservé après de si longues épreuves, enrichi pour nous des souvenirs du passé et des
garanties de l'avenir : la royauté, en France,
était alors devenue impossible. Le fantôme de
la république fut saisi par la froide ambition
des uns, par l'enthousiasme irréfléchi des autres, et, comme l'a dit un ingénieux historien *
que je m'honore de compter parmi mes compatriotes, et dont aussi cette chaire a conservé
des souvenirs honorables et distingués, la république se glissa entre tous les partis. Notre immortel publiciste applaudit, nous ne pouvons en
douter, à son apparition inévitable ; il s'attendait
sans doute qu'elle serait passagère et fugitive, et
que son terme fortuné serait un trône stable et
national, entouré d'institutions libérales, généreuses et populaires ; mais qu'il désirait,
qu'il était heureux d'espérer que notre noble
patrie arriverait au but de ses efforts et de ses
sacrifices, à travers des transitions moins longues et cruelles, et que son cœur fut long-
temps déchiré de celle dont la destinée lui im-

* M. Charles Lacretelle.

3.

posa l'inflexible nécessité! Dans cette formida-
ble et terrible Convention, où le talent, la
vertu, la raison, le crime, la démence et la
fureur avaient de si illustres et célèbres représentans, qu'elle eût été grande, admirable,
sublime, j'oserai dire sacrée, la mission
qu'aurait eu à remplir notre immortel orateur!
Qui de vous hésiterait un seul instant, Messieurs, sur la place qu'il eût occupée? Au milieu de ceux dont les talens et le courage étaient
si dignes de recevoir le noble secours de son
âme et de son génie, que n'eût pu attendre la
cause de la justice et de l'humanité, si le plus
éminent de nos penseurs, de nos écrivains philosophes et politiques, avait déjà pu joindre
ses graves et profondes paroles aux éloquen-
tes et pathétiques inspirations de ces nobles enfans de la Gironde, de la Bretagne, du Dau-
phiné, berceau de notre liberté, de la Lor-
raine, si chère à mes souvenirs, et de tant
d'autres contrées de la France, qui garderont à
jamais, comme la France entière, le souvenir
de leurs talens et de leur courage? Il en est un
qui (tous ses écrits et ses discours l'attestent)
fut l'objet particulier de ses sympathies, l'austère et vertueux Lanjuinais ; il eût parlé, il
eût voté comme lui dans un procès trop célè-

bre ; comme lui il n'en reconnaissait pas le droit à l'Assemblée qui l'a rendu , tout en reconnaissant les éminens services et les intentions sincères de plusieurs de ceux qui prononcèrent un arrêt plus sévère , sans prendre aucune part aux horreurs dont se souillèrent quelques-uns de ceux qui l'avaient porté comme eux ; mais, plus que les nobles et malheureux Girondins , objet de sa constante admiration , dont il disait, il y a quelques années, dans des lignes il y a peu de jours encore sous mes yeux , ces Girondins en butte alors au poignard , et maintenant aux libelles , il eût apprécié et encouragé ces hommes distingués et honorables qui siégeaient au centre de la Convention ; il eût conjuré les victimes d'en appeler à temps aux forces nationales pour les arracher aux bourreaux dont les mains étaient levées et menaçantes ; qu'il eût déploré amèrement cette funeste bataille de Nerwinde (4) , qui rendit impossible à un guerrier que la justice contemporaine a déjà replacé dans les rangs des guerriers patriotes, de présenter à la nation celui qu'à son insu, pour arrêter le torrent des proscriptions dévastatrices , il lui réservait en triomphant aux gorges d'Arcole , aux redoutes de Jemmapes , dans les plaines de la Belgique , et qui lui eût présenté sans doute , si la victoire n'avait pas trahi ses drapeaux , d'accord avec ses dignes amis. Que son âme dût être déchirée, à la nouvelle de l'affreux 31 mai, dont il eût été une des plus nobles victimes, et, quelle qu'eût été l'anxiété patriotique avec laquelle il suivait les triomphes de nos armées, triomphes qui avaient commencé avec éclat avant cette époque si funeste, et continué avec plus d'éclat encore, long-temps après qu'elle eût trouvé son terme ! Qu'il devait être profond et sombre le deuil de la France et de la liberté que devait porter notre immortel B. Constant, depuis cet affreux 31 mai, d'oppressive et sanglante mémoire, jusqu'à ce 9 thermidor , où le sceptre de la terreur échappa des mains du tribun plus hypocrite et ambitieux que féroce et sanguinaire, à l'instant où il allait le briser lui-même, et chercher à rétablir le règne de la raison, de la sagesse et de la morale, après avoir laissé déborder le torrent de crimes et de vengeances, autant que ses ravages étaient nécessaires pour commencer par le triomphe des passions populaires après la disparition violente de tous les hommes supérieurs par leurs talens et leurs vertus, l'heure depuis si long-temps attendue dans son âme ardente et farouche, de son im-

minente renommée , de sa gloire et de sa puissance! B. Constant était à Genève et dans sa vingt-
cinquième année , lorsqu'il apprit la journée libératrice du 9 thermidor , dont l'immensité des
conséquences devait aussitôt se dérouler à son
esprit vif et pénétrant ; bientôt après il alla passer
quelque temps encore à Copet , près de Mme de
Staël , qui avait alors encore le bonheur de posséder l'illustre et vénérable père, digne objet
de son idolâtrie filiale, et dont le génie et les
nobles sentimens sympathisaient si bien avec les
siens. Ils revinrent à peu près en même temps
à Paris , au moment où la Convention , à l'é-
poque de ses plus beaux jours , triomphait des
derniers efforts des partisans de la tyrannie ren-
versée , de l'anarchie et de la terreur, et lorsqu'allait commencer une réaction sanglante
aussi , et qu'excitaient l'or et l'astuce de l'é-
tranger , et des ennemis de la cause nationale :
c'était trois jours après l'insurrection du premier prairial, lorsque l'illustre et vertueux
Boissy-d'Anglas, que tant d'entre vous, Messieurs, se rappellent d'avoir vu dans cette enceinte, présider et encourager vos travaux,
s'inclina avec une si imperturbable fermeté devant la tête présentée à ses yeux par les bourreaux de l'infortuné Féraud. La faction vaincue

était l'objet de justes, de terribles représailles. Ces impressions furent les premières qui frappèrent B. Constant en arrivant à Paris ; elles durent être, elles furent en effet vives et profondes ; c'est le moment où commença, en France, sa carrière politique et littéraire ; c'est aussi celui où ses biographes, avant et depuis qu'il nous a été enlevé, commencent le récit de sa carrière publique ; c'est le moment où il s'est voué avec toutes les facultés de son esprit et de son âme, au service de la France, au culte de sa gloire, de sa liberté, de sa dignité et de son bonheur ; il le fit sans aucun engagement quelconque, avec aucune des passions, des erreurs, des violences qui avaient marqué les époques précédentes. L'Assemblée constituante, et les premières journées de la révolution, étaient les objets de son admiration ; leurs erreurs, leurs taches ou leurs aberrations, il les jugea avec douceur, justice, mais avec une sévère vérité. Les époques sanglantes qui suivirent excitaient sa vertueuse indignation. Les exploits et les conceptions admirables, qui semblaient lui demander grâce pour nos époques les plus désastreuses, n'étaient pas moins l'objet de son impartiale justice. Quelle horreur devaient lui inspirer les crimes des monstres dont la France venait de rompre le joug odieux et flétrissant ! quel enthousiasme et quelle admiration les purs et vrais amis de la liberté, qui avaient survécu aux jours cruels qui venaient de s'écouler ! C'est dans cette heureuse et presque unique position, avec tous les souvenirs et les inspirations capables de la féconder, qu'il voua sa plume, son courage et son noble caractère au service de la république; ce mot, je ne crains pas de m'en servir ici : elle n'était sans doute pas, ni pour B. Constant, ni pour aucun des vrais et profonds hommes d'état voués à sa cause, un résultat définitif et permanent du triomphe de la révolution; mais il fallait d'abord le triomphe des nobles principes pour lesquels cette révolution avait été tentée et consommée, et celui de l'indépendance nationale, avant que les amis vrais et éclairés de la France pussent songer à la possibilité d'unir la monarchie à la liberté. Combien cet instant était encore éloigné, et par combien d'épreuves et de tentatives malheureuses devait-il être longuement et cruellement précédé ! Jusqu'à ce que la république ait trouvé un citoyen capable de jurer et de garantir la consécration des vraies conquêtes de la révolution, tous les amis de la liberté devaient être les inébranlables défenseurs de la république : et de tous, notre immortel publiciste, tant qu'il resta possible de l'être, fut toujours un des plus constans, des plus éclairés et des plus inflexibles. Il avait vu un événement mémorablement funèbre marquer les premières époques de notre révolution comme celle de nos prédécesseurs dans la même carrière. Le Cromwel, tribun hypocrite, avait été frappé chez nous par la foudre, à l'instant où il allait saisir le pouvoir, par ceux qui, pour s'en emparer, voulaient continuer la funeste carrière dans laquelle il s'était arrêté. A peine commençait à paraître le Cromwel guerrier et réparateur, qui pouvait et devait, en abusant de ses rapides triomphes, hâter le retour de nos nouveaux Stuarts, dont l'un pouvait imiter la sagesse conciliante du premier, sans que l'autre imitât, comme il l'a fait, le parjure insensé du second, et toujours l'avénement conciliateur de la monarchie nationale ne pouvait manquer dans notre avenir ni son instant, ni son héros. C'est avec cette appréciation sérieuse des graves événemens, dont le cours se renouvelait chez nous, qu'avec un esprit aussi cultivé que le sien, B. Constant pouvait seul aspirer de se livrer à la tâche devenue un devoir sacré pour ses plus affectueuses persuasions, de faire conduire au port le vaisseau de la république. Avec quelle immensité de savoir et de connaissances, de pensées, d'études et de réflexion, avec quelle profonde appréciation des hommes et des choses du monde, des siècles et de leurs vicissitudes, de toutes les classes de la société et de tous les secrets du cœur humain, il se présenta dans sa première et brillante jeunesse, mais déjà avec toute la force de sa capacité et la vivacité de ses affections, dans cette haute société française qui venait à peine de voir se briser un joug odieux et avilissant, et d'échapper au malheur plus affreux encore d'y retomber! Au milieu des hommes illustrés en peu de temps par de si mémorables événemens, des guerriers, des hommes d'état, des orateurs célèbres par la gloire, le courage ou l'éloquence, et qui avaient la plupart, à travers mille dangers et mille souffrances, survécu aux jours affreux pendant lesquels notre immortel publiciste avait pu, non sans en éprouver aussi de cruelles impressions, augmenter et étendre les richesses de son esprit si noblement supérieur, quel effet devait produire l'apparition de notre jeune et profond écrivain au milieu de ces glorieux vétérans de la révolution, vieux, pour la plupart, avant l'âge de la vieillesse, par les épreuves, les douleurs et les proscriptions, et dont quelques-uns ont aujourd'hui, vers la fin de leur noble carrière, le bonheur d'avoir vu commencer, et de pouvoir espérer voir s'achever le triomphe de la cause nationale, et à qui la France devait, aux uns les nobles travaux salutairement destructeurs de l'Assemblée constituante, aux autres les douces et heureuses réparations d'horreurs sanglantes qui suivirent le 9 thermidor, les exploits et les admirables triomphes de nos armées, et leur premier résultat, les traités glorieux pour la république, qui firent sortir d'abord deux monarchies absolues du rang de ses ennemis, l'Espagne et la Prusse, où B. Constant avait vu, en la traversant, célébrer, par les hommes éclairés et justes, le triomphe et la régénération de la révolution française ! Quel charme, quelle surprise devait inspirer notre illustre écrivain, tel qu'il était alors et que nous le représentons à cette époque dont nous séparent tant d'années de ravages et de douleurs, et tel peut-être, cependant, que quelques-uns de ceux qui m'entendent en ce moment, et qui le virent naguères chargé d'années et de gloire, courbé par les chagrins et les douleurs, peuvent encore se rappeler de l'avoir vu eux-mêmes dans ces réunions célèbres où se recomposait alors, avec une

si imposante délicatesse, la société française,
si long-temps, si vivement comprimée, sous les
auspices des grâces, du génie et de la bonté,
chez son immortelle, sa digne amie, Mme de
Staël, qu'avait rappelée en France la chute
de la tyrannie, aux fureurs de laquelle, dans la
retraite de son illustre et vertueux père, elle
avait arraché plus d'une victime; chez Hélena
Williams(5), dont les amis de la poésie n'ont pas
oublié les rêveuses inspirations, et que les amis
de son beau caractère n'ont pas oubliée non
plus ; chez d'autres femmes qui, par leurs talens, leurs charmes et leur bonté, font encore
l'honneur de la société française ; chez la veuve
d'un guerrier, d'un orateur patriote, que ceux
qui osaient prononcer le nom de liberté avaient
fait monter sur l'échafaud, si souvent, si hor-
riblement ennobli, et qui allait bientôt après
quitter le beau nom qu'elle portait pour un nom
qui allait aussitôt remplir le monde de sa renommée immortelle ! C'est dans ces réunions,
qui ont laissé de si profonds souvenirs, que B.
Constant obtint ses premiers triomphes de tous
les genres, qui, à toutes les époques suivantes
de sa carrière, devinrent si nombreux, si
éclatans et si célèbres. Ce fut alors qu'il
forma ses premières liaisons intimes et ses pre-

mières sympathies avec les plus célèbres membres de nos Assemblées nationales anciennes ou actuelles, et, s'il ne se sentit pas alors attiré vers ces thermidoriens si recherchés et puissans, et qui, après avoir contribué imprudemment au triomphe de la tyrannie populaire, tardaient encore à combattre une réaction qu'excitaient d'autres passions et d'autres intérêts également ennemis de la France, il voua dès-lors son admiration et son amitié à ces débris échappés du naufrage de ce noble parti de la Gironde, dont l'échafaud avait enlevé un si grand nombre d'éloquens interprètes à ceux qui, après avoir été proscrits pour avoir défendu avec le même courage la morale, la justice et la liberté, rentraient dans le sanctuaire des lois pour les défendre encore tous ensemble avec le même courage; et s'élevaient en faveur de leurs propres et farouches persécuteurs, contre les réactions, les haines et les vengeances. L'ingénieux auteur de Faublas, celui qui fut le premier accusateur des crimes de septembre et de l'hypocrite ambition de Robespierre, Louvet acquit des titres particuliers à son estime et à sa confiance, liés comme ils devaient l'être par la conformité d'âge, de goûts et de principes ; et, lorsqu'entraîné par les motifs les plus généreux, il publia ses premières lettres, qui eurent le succès le plus prodigieux contre la loi qu'avait imposée la Convention nationale aux colléges électoraux, de réélire aux deux conseils législatifs qu'allait établir la nouvelle constitution républicaine les deux tiers de ses membres, il eût ensuite reconnu que l'avenir de la révolution rendait cette mesure indispensable ; ce fut à Louvet qu'il se réunit pour en faire comprendre l'importance et la nécessité ; mais cette constitution portait en elle - même le germe de sa prochaine et violente destruction , et cette mesure fut suivie de la sanglante victoire du 13 vendémiaire, où parut, pour la première fois, sur notre scène politique, un homme qui depuis y a joué un rôle si imposant et si immense. La France vit ainsi apparaître presque ensemble le plus grand de ses capitaines, le plus profond de ses écrivains et de ses législateurs. L'édifice de gloire et de puissance élevé par l'un s'est écroulé, et ne pouvait être durable ; mais la justice et la liberté, dont B. Constant jetait chez nous les premiers et les sublimes fondemens, seront, conservons-en l'assurance, et comme notre noble patrie elle-même, à jamais solides, fermes et inébranlables. Cette constitution républicaine que , par une étrange et commune erreur, beaucoup de nos publicistes actuels, et plusieurs des biographes mêmes de B. Constant nous représentent comme ayant obtenu son assentiment et celui des législateurs et des penseurs les plus éclairés, fut, au contraire, l'objet de leur plus juste et sévère critique. L'inexpérience et les passions du jour y avaient laissé des vices dont les effets devaient devenir inévitables. Sièyes, Lanjuinais, Boissy-d'Anglas, et quelques autres encore, avaient demandé un président, un gouverneur unique et responsable, au lieu d'un conseil, d'un directoire exécutif de cinq membres égaux en rang et en pouvoir, et sans aucune action sur le pouvoir législatif; Sièyes avait demandé le partage de ce dernier pouvoir en trois branches; un jury constitutionnaire, un conseil de tribuns, un corps législatif, c'est-à-dire, la réalité des institutions dont quelques années plus tard la France ne conserva que le fantôme, et la république, à qui la faiblesse du pouvoir exécutif donna une première fois un coup mortel, par la violence dont cette faiblesse était devenue le prétexte au 18 fructidor, au lieu d'arriver naturellement, par l'affermissement des institutions nationales, au dénouement d'une monarchie qui le fut aussi, devait

périr plus tard par la force monstrueuse de ce
pouvoir, et passer par un despotisme de gloire
et par un autre d'abaissement avant d'arriver à la
vraie liberté. Dans ses premiers articles, comme
dans ses premiers mélanges, B. Constant, regardé dès-lors comme le premier de nos publicistes, que l'on comparait déjà, et que l'on
préférait quelquefois à l'immortel auteur de
l'*Esprit des Lois*, se livrait à ces prévisions de
l'avenir par l'appréciation du présent, et par
l'expérience du passé, avec un esprit et une pénétration qui causaient un charme et une surprise qu'augmentaient encore son âge, son amabilité et sa modestie. Le directoire fut installé,
et avec lui un conseil de jeunes, puissant pour
bouleverser, et un conseil d'anciens, impuissant pour modérer et contenir. Des choix, en
partie malheureux, en partie maladroits, ren-
dirent encore plus funestes et certaines les conséquences que devait avoir l'imperfection du
nouveau pacte fondamental. Un seul des cinq
directeurs nommés fut accueilli par le suffrage universel de la France et de l'Europe,
Sièyes, qui depuis le 9 thermidor, avait montré, dans le comité de salut public régénéré,
une capacité politique, telle qu'on devait l'attendre de celui qui naguère, à l'Assemblée

constituante, avait montré une si haute et si profonde capacité législative. Il refusa alors la pourpre directoriale, se méfiant de la moralité ou de la capacité de quelques-uns de ceux qui devaient en être revêtus avec lui ; on le remplaça par Carnot, dont le génie avait mené nos armées à la victoire, et avec lequel il fallait le réunir, comme avec l'austère et pur Lareveillère-Lépeaux, Cambacérès et Rewbel, que désignaient leurs services et le suffrage public. Le vainqueur de l'Italie parut sur l'horizon de la France, et ses prodigieux triomphes donnèrent à un gouvernement naissant, faible par les hommes et les choses, de la force, de la gloire et de la puissance, et par l'humiliation de l'étranger, parvinrent à déjouer les factions implacables et opposées les unes aux autres, qui alors aussi trouvaient moyen, mais du moins avaient quelque lieu de s'entendre pour le détruire. Les patriotes sincères et éclairés sentirent la nécessité de se réunir momentanément à lui pour sauver la France de l'anarchie, de la contre-révolution, et des mains de l'étranger, en abandonnant à l'avenir l'espoir de la faire entrer dans le port du repos et d'une vraie liberté. Notre immortel publiciste fut un des premiers à remplir cette tâche, en publiant deux nouveaux écrits politiques qui furent alors regardés comme des chefs-d'œuvre dans leur genre, et qui seraient encore regardés comme tels aujourd'hui par ceux qui, malgré l'extrême rareté de ces productions, parviendraient à se procurer la jouissance de les lire et de les admirer; l'un était intitulé : *Du gouvernement actuel et de la nécessité de s'y rallier;* l'autre : *Des réactions politiques et des effets de la terreur.* La logique pressante, le ton de convenance et en même temps de franchise avec lesquels l'un était écrit; l'énergie, la chaleur de l'autre, l'amour de l'humanité, la haine de l'injustice et de la violence qui y respiraient, enlevèrent les suffrages unanimes des hommes de lettres, des hommes du monde et des hommes d'état, des amis de la morale, de la philosophie et de la liberté. Dans la brochure des *Effets de la terreur,* il prouvait avec la clarté du jour que cet affreux régime avait fait à la liberté, non des amis, mais des ennemis irréconciliables; que les grandes choses faites pour sa cause sacrée avaient été faites, non pas du tout par, mais malgré les crimes de la terreur, et que, si cette cause, comme il l'espérait pour la justice et l'humanité, triomphait encore, ce ne serait pas par les heureux, mais malgré les funestes effets de cet odieux régime. L'opinion générale (les documens publics de l'époque l'attestent) désignait alors le jeune B. Constant pour faire partie de la classe des sciences morales et politiques de l'Institut, la plus glorieuse des institutions qui accompagnèrent et suivirent l'établissement de la nouvelle constitution républicaine; son extrême jeunesse, son arrivée si récente en France empêchèrent seules qu'il fût appelé, dès sa fondation, dans cette classe de l'Institut dont la suppression fut ordonnée et maintenue par deux gouvernemens absolus et obscurans, et qui a été rétablie par un gouvernement qui se fait un devoir de tout ce qui peut contribuer aux progrès des lumières et de la civilisation, à l'instant même où elle perdait celui qui allait être appelé à cette illustre académie nouvelle, avec tant de justice et d'unanimité. Cependant approchait l'époque critique du 18 fructidor ; l'histoire a depuis long-temps marqué la part de blâme ou d'approbation que méritent les hommes les plus remarquables de cette époque si remarquable elle-même. Parmi les proscripteurs et les proscrits, riches les uns et les autres en gloire, talens, exploits, et même en vertus: dans la carrière des armes, Bonaparte, Hoche, Jourdan, Kléber, Moreau, Carnot, Villaret-

Joyeuse ; dans la carrière politique, le sage et faible Barthelemy : les plus illustres débris de nos assemblées nationales ; à leur tête, Sièyes, Talleyrand ; de nouvelles et brillantes illustrations politiques et oratoires, dignes de celles qui les avaient précédées : les Portalis, Siméon, Camille Jordan, Barbé-Marbois. Les intentions libérales et constitutionnelles de la plupart des adversaires du gouvernement directorial n'étaient guère douteuses, et des patriotes sincères jetaient déjà les yeux, on le sait, pour l'élever sur le pavois national, sur le prince qui depuis y a été élevé, retenu alors aux rives étrangères, mais qui jamais n'y avait embrassé les intérêts et les couleurs de l'étranger, et qui alors (6), comme à une époque précédente, n'eût pas eu à lutter contre les suites de l'empire et les résultats de la restauration ; mais B. Constant, comme Madame de Staël et d'autres personnages supérieurs, exempts néanmoins des erreurs et des violences de la révolution, pensaient, et firent sans peine penser à tous les patriotes éclairés que ces heureux résultats étaient bien plus qu'incertains, et que, malgré les torts personnels et les vices fondamentaux du directoire exécutif, sa chute, dans les circonstances d'alors, ne pouvait avoir pour effet que le triom-

phe complet de l'aristocratie, de la contre-révolution et de l'étranger, et la chute des institutions libérales et constitutionnelles. Pour des
motifs si dignes d'éloge, ils ne balancèrent pas
à se rallier avec force à un gouvernement dont
ils méprisaient les bases et la plupart des instru-
mens. Le club de Clichy fut fondé; les plus
célèbres patriotes encore existans de l'Assemblée constituante, qui ne faisaient pas partie
des conseils et du gouvernement, Talleyrand, le général Montesquiou, et d'autres
hommes très-distingués, furent, avec B.
Constant, les premiers fondateurs de cette
réunion dont le premier effet fut un changement de ministère dans un sens favorable aux
intérêts républicains. Bientôt après, encouragé
par la victoire, l'accession et les vifs témoignages publics du vainqueur de l'Italie, le directoire se résolut aux odieuses et presque toutes
si injustes proscriptions du trop célèbre 18
fructidor. Ce n'est pas de telles mesures que
B. Constant pouvait désirer et approuver, et
d'avance dans plusieurs écrits empreints de la
marque de son âme et de son talent, il s'était
élevé avec force contre toute illégalité et tout
arbitraire, et, dès que ces proscriptions, la plupart à la fois odieuses et inutiles, furent con-

sommées, malgré les faveurs et l'accueil dont l'accablait le directoire, révêtu par les triomphes du conquérant de l'Italie, du titre de vainqueur et de pacificateur, et flatté d'avoir, parmi ceux qu'on regardait comme ses partisans, des personnages aussi illustres que Mme de Staël, ses plus dignes amis et B. Constant, celui-ci ne tarda pas à se mettre dans l'opposition nouvelle, qui ne tarda pas elle-même à se former des débris du parti républicain doux et modéré, de ceux devenus plus formidables du parti violent et anarchique, des hommes d'état les plus éclairés qui étaient restés dans nos conseils, tous secrètement favorisés par les partis du dehors et ceux qui étaient déjà en secret les partisans du pouvoir du grand capitaine dont l'Orient alors contemplait les exploits et la merveilleuse apparition à la tête de nos nobles phalanges. Bientôt approche la crise du 30 prairial, amenée par le renouvellement de la guerre continentale et les premières déroutes de nos armées, si long-temps triomphantes, précédée et suivie de violences toutes opposées à celles du 18 fructidor, et qui amena enfin du directoire exécutif l'illustre Siéyes, qui alors représentait si dignement la France à la cour guerrière du successeur de Frédéric. Dans l'intervalle de ces deux journées, triste et naturel résultat d'une constitution sans contrepoids et sans équilibre, les talens de B. Constant jetèrent plus d'éclat que jamais ; le premier, il demanda, dans une de ses productions les plus distinguées, que la république stipulât la délivrance du général Lafayette, contre lequel subsistaient encore, depuis la chute du trône qu'il avait eu la générosité de défendre, sans croire à la possibilité de son maintien, des préjugés que les patriotes éclairés regardaient déjà comme absurdes, et que depuis ils ont eu encore tant de fois l'occasion d'apprécier davantage. Le premier, il partagea avec un des plus célèbres députés de l'époque devenu, depuis un de nos hommes d'état les plus distingués, et des premiers auteurs de nos codes immortels, mon illustre compatriote, M. Boulay de la Meurthe, l'honneur de retracer les traits de parallèles caractéristiques entre les révolutions de France et d'Angleterre, et qui, pour le passé et l'avenir, commençaient à frapper les observateurs profonds et attentifs ; et telles étaient déjà sa gloire et sa renommée, que Talleyrand, alors ministre des affaires étrangères, et que, malgré le prestige de la puissance et celui de la prévention, je ne craindrai pas de considérer ici à haute voix comme n'ayant, depuis l'époque mémorable de 1789, dont il était un des plus illustres ornemens, quitté que les gouvernemens qui s'étaient trahis eux-mêmes par la violence, le despotisme ou le parjure, avait adressé une lettre à Bonaparte, alors général de l'armée d'Italie, en le désignant comme le plus digne, malgré sa jeunesse, pour proposer les institutions les plus convenables aux nouvelles républiques italiennes. Cependant s'approchait la révolution militaire du 18 brumaire, après les défaites cruelles et les victoires réparatrices, mais non suffisantes pour garantir l'indépendance nationale, de Zurich, d'Alkmaer et de la Trebia : elle aussi est déjà du domaine de l'histoire. Il n'est aucun de vous qui n'ait depuis long-temps son opinion arrêtée sur ce qu'eût été cette journée dans sa partie inflexiblement inévitable (7), si Joubert n'eût succombé aux plaines fatales de Novi, peu de temps avant que le héros merveilleusement abordé des rives égyptiennes, ne fût porté par l'enthousiasme, des côtes de Provence aux murs de la capitale, et ce qu'elle devint par des causes que je ne rappellerai pas ici, et pour ne pas avoir le tort de vouloir affaiblir par mes faibles paroles, l'admiration et la reconnaissance que méritera toujours la mémoire de l'homme extraordinaire dont on peut blâmer et déplorer les vues et les conceptions, mais au vaste génie et aux généreuses intentions duquel la France devra toujours le tribut de sa justice. Je ne dois, je ne veux que glisser rapidement sur ce grave sujet, par ces motifs, et pour ne pas vous détourner plus long-temps de la nouvelle carrière de génie, de gloire et de courage, une des plus brillantes de sa vie entière, et que va parcourir maintenant notre immortel publiciste. Dans le sénat, qui n'avait aucun *veto* sur les lois; dans le tribunat qui n'avait sur elles aucune initiative directe; dans le corps législatif même, muet et silencieux, une opposition libérale et patriotique s'était formée aussitôt après le 18 brumaire, pour la défense de tous les principes et de tous les avantages du gouvernement représentatif. Les historiens de la révolution pensent assez généralement que ce fut le premier consul qui introduisit, après le 18 brumaire, dans les premiers corps de l'état, les premiers chefs de l'opposition libérale; c'est là une grande et étrange erreur : ils y furent introduits uniquement par l'influence alors encore considérable du consul Sièyes, qui s'était aperçu trop tard de la grave, mais devenue inévitable erreur de croire à une révolution favorable à la liberté, par l'épée d'un grand capitaine, dont l'expérience politique était fort loin d'égaler le génie militaire et administratif, et celui à qui la France devait les plus immortelles conceptions de 1789, voulait du moins opposer les efforts et les lumières de ceux qui étaient le mieux en état d'en défendre les principes, à l'approche menaçante du plus glorieux et du plus absolu des pouvoirs. Le premier noyau du sénat fut composé par les deux citoyens (Sièyes et Roger - Ducos) qui, d'abord avec Bonaparte, avaient revêtu la pourpre consulaire, et par les deux (Cambacérès et Lebrun) qui ensuite en restèrent revêtus avec lui. Un mode assez libéral, par le concours de quatre pouvoirs, fut d'abord établi pour la nomination des autres sénateurs, et bientôt après supprimé. Des hommes sincères et indépendans se trouvèrent aussi, il faut le dire, parmi les capacités éminentes qui remplissaient le conseil d'état et le ministère dont s'entoura le premier consul, au milieu desquels l'on remarquait de célèbres constituans, qu'on aimait à voir revenir à la tête du gouvernement, des hommes d'état et des diplomates que le vœu public y appelait depuis

long-temps; mais ce fut surtout parmi les sénateurs et les tribuns que durent paraître et
parurent en effet les plus éloquens et les plus
inébranlables défenseurs de la liberté. Les noms
des sénateurs qui remplirent cette tâche glorieuse transpirèrent bientôt à travers les murs
fermés de leur palais : ils sont consacrés par la
reconnaissance nationale, et rien n'égale l'effet
que produisit, dans les séances publiques du
tribunat, l'admirable opposition libérale qui s'y
était formée. Là parurent, Daunou, conservé
encore à la vertu, à la science et à la patrie;
Chénier, que les farouches persécuteurs de ses
amis n'avaient conservé sans doute que pour
conserver sa noble muse à la liberté qu'ils fou-
laient aux pieds en l'invoquant; Ginguené, qui
lui aussi illustra cette chaire (quel contempo-
rain honorablement connu ne l'a honorée, ou
n'y a été accueilli avec bonté!); Andrieux, sur
la tombe encore entr'ouverte duquel ont coulé
les larmes de tant d'admirateurs de son ingénieux talent et de son beau caractère, de tant
d'élèves reconnaissans de ses leçons et de son
amitié; plusieurs autres écrivains, philosophes,
orateurs distingués. Au milieu d'eux s'élevait
avec toute l'éminence de ses facultés et de son
caractère, notre immortel B. Constant; son ta-

lent était alors dans son plus pur et brillant éclat, et ce talent tout entier, il l'employa à combattre un despotisme alors à sa naissance, mais dont les progrès envahisseurs n'échappaient aux regards pénétrans d'aucun patriote éclairé. Qui ne se rappelle les discours admirables où, par les aperçus les plus ingénieux, la logique la plus irrésistible et le style le plus élégant, il combattit l'établissement des tribunaux spéciaux, que le pouvoir avait quelques raisons de demander contre les efforts contre-révolutionnaires de l'Ouest et du Midi, alors, comme aujourd'hui, leur seul et leur dernier foyer, mais qu'avec raison aussi voulaient refuser les amis de la liberté, parce que ce n'était pas pas pour les jours fugitifs de l'extrême danger, mais comme instrument fixe et stable, que le pouvoir les réclamait; et les premiers projets de loi qui furent présentés pour le Code civil, et dans lesquels il demandait, secondé par ses dignes émules, des changemens qui furent adoptés, et qui, s'ils ne l'eussent été, et s'ils n'eussent même porté, après sa disparition de la tribune, le fruit naturel de ces discussions à jamais célèbres, eussent laissé bien imparfait ce code immortel qu'il n'est pas dans mon cœur de contester d'être en partie l'ouvrage du grand homme dont il porte le nom, mais qui l'est surtout des jurisconsultes et des penseurs éminens qui, depuis l'Assemblée constituante jusqu'au Conseil-d'état qui eut la gloire de le terminer, en avaient préparé, assemblé et mûri les élémens : le mode proposé pour la discussion des lois, mode chimérique et illusoire, et beaucoup d'autres mesures qui tendaient à donner au chef de l'état un pouvoir absolu et sans limite. D'immortelles victoires semblèrent justifier alors et long-temps encore tant de graves sacrifices à l'intérêt présent et à venir de la France et de l'humanité. Les pieux ermites de la cîme du mont St.-Bernard virent paraître soudain, par un miracle du génie et du courage humain, les phalanges qui bientôt, dans les champs de Marengo, délivrèrent la France et conquirent l'Italie. En faisant entendre, au sujet de cette journée qui excita, dans toutes les parties de la France, tant de surprise et d'enthousiasme, les accens de l'allégresse, de l'admiration et de la reconnaissance nationale, il réclama en faveur de la liberté, devant le char même du triomphateur auquel on allait la sacrifier. Gardons-nous cependant de tomber ici dans une erreur qui serait grave et fertile en conséquences. Ce n'était pas l'établissement

du pouvoir exécutif et héréditaire dans la famille du grand homme dont l'épée n'avait encore servi qu'à préserver l'indépendance nationale, et dont le génie présidait à la confection
de ce Code qui dédommageait de leurs désastres
les nations fières et heureuses de l'adopter, et
la disparition des formes purement républicai-
nes que redoutaient et voulaient prévenir B.
Constant et la plupart des patriotes de l'opposition libérale, tribuns et sénateurs : ce qu'ils
s'efforçaient de combattre et de prévenir, c'é-
taient la chute de toute la réalité du gouvernement représentatif, de toutes les garanties de
liberté, d'égalité et d'équilibre des pouvoirs,
l'oubli, la réprobation même des principes
de 1789, et l'avénement d'un pouvoir suprême, sans contrôle, sans limite et sans responsabilité, avec la résurrection de tous les ho-
chets, de toutes les démarcations irritantes,
de toutes les brillantes superfluités qui végè-
tent encore nulles et inoffensives, mais qui
peut-être n'eussent jamais pu se maintenir entre le trône et le peuple, si dès-lors l'erreur
extraordinaire d'un homme qui l'était tant lui-
même, n'avait fait prévoir à tous les esprits pénétrans que son vœu secret et bientôt public
était de récréer leur existence évanouie. Il est

un fait qui en achèvera la conviction à ceux pour lesquels elle ne pourrait être qu'incomplète, incontestable pour tous ceux qui connaissent l'histoire contemporaine, attesté même par quelques-uns de ceux qui l'ont écrite : c'est que, lorsque tout fut sur le point d'être consommé, et qu'au milieu des fureurs conspiratrices, le chef de l'état, proclamé vainqueur, pacificateur et législateur, eut fait demander pour lui la puissance, la dignité et la pourpre impériale, par le tribunat mutilé et devenu l'ombre de lui-même, où ne s'éleva en faveur de la république que la voix du seul Carnot, qui plus tard se rallia, avec notre immortel publiciste, à une cause plus que jamais celle de l'indépendance nationale, et qui n'était plus une cause ennemie de la liberté ; et dans le sénat, devenu le docile instrument des volonést consulaires, ceux qui s'opposèrent à cet acte solennel, conséquence suprême de ce qui s'était fait et succédé depuis le 18 brumaire, à l'exception peut-être d'un seul (7bis) qui, fondateur enthousiaste et sincère de la république, y resta, jusqu'à son heure suprême et long-temps reculée, religieusement fidèle, ne s'étaient nullement opposés à la fondation de l'empire, mais avaient demandé avec force et courage qu'il ne fût accordé et proclamé que lorsqu'on aurait rendu et assuré à la France les institutions et les garanties morales et politiques pour lesquelles elle avait fait si glorieusement triompher sa mémorable révolution. C'est aussi le genre de résistance que la France eût obtenu de notre immortel publiciste, et qu'il lui eût accordée avec toute la force de son talent, et toute l'énergie de son grand caractère; mais le destin en était jeté : tout ce qui menaçait d'arriver devait s'accomplir, et la France ne devait qu'après deux épreuves si diversement longues et cruelles, arriver, tout à la fin de ces orages, à ce qui devait être le but et l'effet de leur commencement maintenant si lointain. Le Sénat, dont l'organisation et le mode étaient également changés, et qui, revêtu à sa fondation du titre de conservateur, commençait dès-lors à détruire les faibles barrières que la constitution consulaire opposait à l'établissement d'un pouvoir absolu, élimina les tribuns qui s'étaient le plus distingués par leur courageuse opposition : on s'attendait que B. Constant serait du nombre, et il le fut en effet. « Nous vous avons épurés, » disaient quelques conseillers-d'état contens de leur ouvrage à quelques-uns des tribuns restant, les plus dociles aux volontés du pouvoir;

« dites : écrémés, » répliqua l'illustre fille de
Necker, en présence de laquelle ces paroles furent
une fois prononcées, et qui encourageait, par son
suffrage, les amis de la liberté. Ce mot si ingénieux
et si peu connu m'a été révélé, dans cette enceinte
même, par le digne fils d'un des plus célèbres tribuns éliminés, alors un des écrivains et des défenseurs les plus ingénieux et les plus honorables
de la cause nationale, aujourd'hui l'un des administrateurs les plus sages et les plus éclairés que
son triomphe nous a donnés, M. Léon Thiessé.
B. Constant et M\ up{me} de Staël furent exilés ou
s'exilèrent ensemble, et parcoururent ensemble
aussi une partie de l'Europe. Que l'espace de
temps que nous allons voir s'écouler durant
cette importante partie de leur carrière est riche
et fécond en graves et mémorables événemens
pour la France et pour l'Europe, en conceptions admirables pour l'esprit humain, la civilisation et l'humanité, et pour la gloire et les
destinées futures de notre immortel publiciste !
Il s'arrêta particulièrement en Allemagne ;
c'est en mettant au service de sa haute et puissante raison les trésors incommensurables de
science et d'érudition du pays qui en est regardé
avec raison comme la terre classique, qu'il
composa plusieurs de ses ouvrages les plus im-

portans, parmi ceux qui eurent la plus longue et la plus salutaire influence sur les progrès de la civilisation et de l'esprit humain dont ils font aujourd'hui l'ornement et la gloire. Presque toutes les principales villes du nord de l'Allemagne, qui en est, depuis la brillante apparition du grand Frédéric, la partie la plus richement favorisée par les trésors d'une haute culture littéraire et philosophique, furent le théâtre de son séjour, de ses méditations et de ses travaux. Presque toutes le mirent en rapport avec quelques hommes célèbres dont le génie a échangé avec le sien quelques aperçus précieux dans les champs immenses de la pensée humaine, et contribuèrent ainsi aux plus imposans succès de la vaste carrière qui lui restait à parcourir, et avec un juste orgueil, en conserveront un souvenir éternel. A Weimar, il avait vécu dans l'intimité des hommes les plus illustres, dont les talens et la gloire étaient alors dans leur éclat, les uns dans leur force, les autres au déclin de leur âge, et qui avaient fait briller, lorsque disparaissaient presque toutes les brillantes illustrations du Parnasse français, au sein de cette ville, l'âge d'or de la littérature allemande, et tous eussent été fiers d'appeler du nom de collègue celui que revendiquait la gloire d'un autre pays et d'une autre carrière. Schiller venait, jeune d'années, vieux de génie et de renommée, d'être enlevé au siècle naissant dont il eût été une des plus éclatantes lumières, à l'instant où il en pressentait et signalait les orages, dans l'épître sublime dont il ne pouvait m'appartenir, dans cette chaire, que de vous reproduire les beautés pâles, affaiblies et décolorées. Schiller donc n'était plus, quand B. Constant arriva à Weimar, et ce fut dans les lieux encore pleins de sa gloire et de son nom qu'il commença cette belle traduction en vers de la tragédie de *Walstein*, et l'admirable préface qui l'accompagne, et dans laquelle sont opposées l'une à l'autre, avec une supériorité si triomphante, les beautés de deux genres de littérature qu'il appartient au génie seul de comprendre et d'apprécier ensemble, et dont l'une a pour elle le charme et les souvenirs du passé, l'autre les conceptions, les routes et les besoins intellectuels de l'avenir ; remarquable production littéraire, qui ne tarda pas, avec le beau travail qu'elle accompagna, d'être appréciée en Allemagne, en France et dans toute l'Europe. Herder, Wieland et Goëthe surent apprécier, dans B. Constant, ce qui ne faisait cependant qu'une partie de son éminente

valeur, le moraliste, l'écrivain, l'érudit, l'historien et le philosophe. Et qui mieux que l'auteur de *Werther*, de ce livre qui, dans toutes
les parties du monde civilisé, souleva les tem-
pêtes de tant de passions mélancoliques et généreuses, et de tant d'autres romans ingénieusement profonds, où les mystères de l'âme et de
la vie humaine sont devinés et exposés avec
une si aimable et si effrayante vérité, pouvait
surtout apprécier, dans B. Constant, l'auteur
non moins ingénieusement profond de ce roman ou livre d'*Adolphe*, qu'il commença dans
cet instant si agréable de sa vie, qu'il écrivit
avec les souvenirs et les impressions de sa vie
entière, et qu'il publia seulement à une des
époques les plus importantes de la carrière que
tout-à-l'heure je vais avoir à rappeler à votre
souvenir! Qui mieux que l'auteur de *Musarion*
et d'*Agathon*, qui réunissait à la profondeur et
à l'érudition de ses contrées natives toute la
grâce et toute l'urbanité attiques, si bien repro-
duites dans ses délicieuses compositions historiques, pouvait apprécier celui que, dans toute
la suite de sa noble et imposante carrière, devaient caractériser si éminemment l'aménité de
caractère, la grâce et l'exquise politesse de l'expression, la profondeur du savoir, de la pensée

et du talent, et de plus la plus énergique et inflexible fermeté de principes et de volonté ! Enfin, qui mieux que l'immortel auteur de la philosophie de l'histoire, du génie et de la poésie des Hébreux, celui qui, par la force de sa pensée et de son imagination ravissante, transporta sur les terres du Nord les plus fraîches et brillantes fleurs de l'Orient, qui mieux qu'Herder pouvait dès-lors deviner, dans B. Constant, celui qui, bientôt après, allait élever, par la réunion la plus surprenante de la pensée, du savoir, du talent et de l'amour de l'humanité, pour les routes que, dans sa marche perpétuelle, elle va avoir à parcourir, un des phares les plus brillans au sein de la plus éclatante et pure lumière ! Le séjour de B. Constant à Weimar, qui reçut, par le règne d'un prince éclairé et bon, un surnom qui l'égalait aux plus illustres des républiques anciennes pour la gloire des lettres et des arts, le surnom d'*Athènes moderne* : ce séjour fut donc riche pour lui en jouissances dignes d'un esprit et d'un cœur comme le sien, et comme ceux des hommes qui eurent la gloire de lui en faire goûter le bonheur. C'est alors qu'il unit ses destinées à cette parente du prince de Hardenberg, à qui il avait promis à Brunswick de les lui consacrer. Jamais amitié, jamais union ne fut fondée sur des sympathies plus vives, plus fortes et plus naturelles. Ornée de tous les dons de l'esprit, du goût, de l'imagination et de la mémoire, employant les trésors d'une instruction variée et solide, bien rare dans son sexe, à l'expression et aux épanchemens de ces sentimens religieux qui lui sont si naturels, et qui sont si vifs surtout chez les femmes distinguées, délicates et généreuses, comment l'ingénieuse et estimable parente du prince de Hardenberg n'aurait-elle pas apprécié, admiré, aimé l'homme extraordinaire qu'elle voyait consacrer tous les trésors de sa vaste pensée et de son immense instruction à rattacher, par une chaîne céleste, aux craintes et aux espérances d'un monde éternel, les biens les plus précieux d'ici-bas, l'honneur, la justice et la liberté? Comment celui qui, dans sa jeunesse, avait mérité les plus hauts sentimens d'estime et d'amitié de celle dont je disais, dans cette chaire même, honoré des vifs témoignages d'une noble sympathie, en la présence de son vertueux et si regrettable fils, et de notre immortel B. Constant lui-même, dans des temps si changés, avec des expressions si peu changées elles-mêmes, tant est restée invariable celle de ma pen-

sée et de ma conscience , « que sa voix ne resta
» jamais muette, soit pour attaquer le despo-
» tisme et l'intolérance , soit pour défendre la
» justice , la morale , la religion et la liberté ; »
comment, dis-je, dans son âge mûr, n'aurait-il
pas apprécié, comme il le devait, l'estime et
l'affection de celle dont la muse élevée, modeste et pieuse, exprimait avec tant de bonheur le sentiment dont il allait bientôt montrer, dans les monumens qu'il était prêt à élever, la puissante, salutaire et inflexible nécessité ! Ce fut donc alors qu'il unit le reste
de ses destinées à Charlotte de Hardenberg.
Bientôt après il fit un autre séjour dans une autre, diversement et non moins célèbre ville de
l'Allemagne ; séjour qui acquit encore une autre diverse aussi et non moins grande influence
sur le reste de la carrière que nous allons lui
voir parcourir. Ce séjour fut celui de la ville,
de la célèbre et docte université de Gœttingue,
illustrée, depuis un siècle à peu près que son
existence a commencé, par un grand nombre
de découvertes qui depuis sa durée ont éclairé
l'esprit humain dans les diverses branches des
sciences et surtout de l'érudition, et par les
hommes qui se sont immortalisés en y contri-
buant par leurs travaux et leurs lumières. Il

vit briller les dernières lueurs du génie d'Eichorn, le créateur de l'Exegès, qui porta les lumières de l'érudition philosophique sur les monumens historiques de la foi dont il allait sonder et approfondir les fondemens moraux dans les replis et les secrets du cœur humain ; de l'helléniste Hein ; de Schlœtzer, le créateur de la statistique, et qui le premier en fit une science, non-seulement de faits et de renseignemens, mais riche aussi en vastes résultats sur le bonheur, la prospérité, l'expérience, le présent et l'avenir des nations, surtout quand elles sont puissantes et cultivées. Il vit dans tout leur éclat deux hommes qui sont encore la gloire de l'Europe savante : Heerhen, qui porta sur tous les points obscurs de l'histoire les vives lumières de son esprit ; Blumenbach, naturaliste et peintre de la nature, dont la renommée et le mérite ne restèrent pas éloignés de ceux de notre immortel Cuvier ; qui mérita le beau surnom de Buffon de l'Allemagne, et sut le justifier. C'est avec la plus haute distinction que B. Constant fut reçu par ces hommes d'une réputation si justement colossale dans l'Europe scientifique et littéraire ; là aussi il se lia de l'amitié la plus intime avec un homme qui avait aussi des titres à son estime par son

savoir et par ses talens, qui en avait surtout à
ses plus doux souvenirs et à ses plus vives sympathies, et qui devait être très-peu de temps
après enlevé à peine au milieu de sa noble et généreuse carrière, je veux parler du seul Français qui, par les trésors intellectuels qu'il rap-
porta de l'Allemagne, avait, avec notre immortel publiciste, de frappantes et fécondes analo-
gies de ce genre ; l'interprète de Kant, l'historien couronné de la réforme de Luther,
Charles Villers, auquel je ne puis m'empêcher,
en élevant ici un monument de justice et de
vérité, de payer un nouveau, tardif, et bien
sincère tribut de regret, d'affection et de reconnaissance. B. Constant et Villers (8) furent revêtus l'un et l'autre du titre de membres correspondans de la société royale et académique
de Goettingue, titre de haute et juste considération dans la république des lettres européennes,
et aucun d'eux ne se montra jamais indifférent
à le porter. Aux jours lointains et si cruellement changés de mon heureuse jeunesse, appelé dans l'éphémère royaume de Westphalie,
par deux hommes d'état * qui accordaient à
mes vœux et à mes efforts un intérêt auquel
peut-être ils n'eurent jamais plus de titres

* MM. les comtes Siméon et Beugnot.

que depuis qu'ils ont plus de peine à les inspirer, moi aussi, je vis, à peu près à la même
époque, Gœttingue (9), ses hommes illustres, sa
brillante et studieuse jeunesse, ses vastes et
précieux musées; moi aussi j'obtins ce titre
que, plus qu'aucun autre, je devais être fier de
porter, depuis surtout qu'il me donna le droit
d'appeler du nom de collègue celui qu'avec tant
de raison j'appelai si humblement du nom de
maître, et que bientôt je pus avoir le bonheur
d'appeler du nom d'ami. Mais revenons, pour
ne plus la quitter, à la suite de son immortelle
carrière. C'est à Gœttingue, après quelques ex-
cursions à Heidelberg, près de l'illustre Crœt-
zer, professeur de l'université de cette ville,
et dont les recherches, les écrits et les doctrines devinrent pour lui d'une si haute et si riche importance, qu'il jeta les bases, que dis-je,
qu'il composa et acheva presque complètement
cet ouvrage sur la *Religion considérée dans ses
formes, ses sources et ses développemens*, médité comme ouvrage d'histoire et d'antiquités,
et comme livre de talens, d'âme et d'imagination si remarquable aussi, et surtout comme
ouvrage de morale, de philosophie et de méta-
physique ; cet ouvrage, qui devait seulement, à
une époque encore si reculée, voir le jour,

mais que savait déjà apprécier une élite choisie d'hommes capables d'en concevoir la valeur et la portée, fit revenir en France, avec une réputation si justement colossale, comme savant, comme penseur et comme écrivain, celui qui, déjà un des plus nobles défenseurs de notre indépendance politique, allait, en y consacrant de nouveau son génie et son caractère, reculer, pour ainsi dire, les bornes de l'admiration, de l'enthousiasme et de la reconnaissance ; cet ouvrage enfin, qui, sorti, pour ainsi dire, de la conception de son auteur comme Minerve tout armée du cerveau de Jupiter, était destiné à enrichir, par son apparition, la France pour qui il a été fait ; l'Allemagne, qui peut, en grande partie, en revendiquer la gloire ; l'Europe savante tout entière et le monde civilisé. Je disais tout-à-l'heure que cet admirable monument, élevé à la civilisation intellectuelle et morale de l'univers, était, dans le moment dont je parlais, presque complètement achevé ; il l'est en effet, et cependant la dernière et plus importante partie, celle qui devait en compléter le résultat et en couronner la gloire, ne devait être, d'après le vaste plan de l'auteur, composée et publiée qu'après les parties dont il avait été précédé, et qui furent

successivement publiées, méditées et appré-
ciées ; c'est que, par un enchaînement aussi naturel qu'extraordinaire de circonstances, la
partie de l'ouvrage la plus directement intéressante pour les intérêts et les destinées actuelles
de l'humanité, se trouva, à une époque posté-
rieure, et lorsqu'il fut rendu une seconde fois
à la France, publié bien long-temps avant les
premières et plus importantes divisions de l'ouvrage même. Cet ouvrage, et les parties principales dont il est composé, le but imposant et
élevé qu'il a pour objet, ses élémens et ses ma-
tériaux, les faits et les pensées avec lesquels ce
vaste monument historique et philosophique a
été composé, tous vous le connaissez, depuis les
premières publications qui précédèrent de peu
de temps et suivirent avec promptitude cette
glorieuse révolution de juillet, qui fut elle-
même si promptement suivie de la perte de l'é-
crivain immortel qui en faisait la gloire et
l'espérance, jusqu'à ces nouveaux et précieux
volumes sur le polythéisme romain, qui vient
de rappeler avec tant d'éclat un nom que vous
êtes si loin d'avoir encore commencé à oublier.
En admettant comme gravé dans le cœur de
l'homme des mains de la raison et de la nature,
et comme profondément inné et indestructible

dans son âme, sa persuasion et sa conscience, le sentiment religieux, la croyance dans une cause éternelle et infinie, et dans la nature impérissable de la partie pensante et sentimentale de notre existence, en suivre pour la première fois le fil de l'histoire et le flambeau de la philosophie à la main, les formes, les développemens progressifs ou rétrogrades, avec leur perfectionnement, à travers les progrès et les revers des lumières et de la civilisation : tel fut le but élevé, le vaste résultat de cet ouvrage, qui ne pouvait être le fruit et la gloire, ni d'une époque de foi religieuse, aveugle, enthousiaste et soumise, ni d'une époque de philosophie destructrice de toutes les garanties, de toutes les persuasions et de toutes les consolations morales et ennoblissantes, qui demandait à l'Allemagne la profondeur de sa pensée, l'immensité de son érudition, à la France le charme de l'imagination, de toutes les facultés pénétrantes de l'esprit, et les plus vives émotions du cœur, et qui ne pouvait enfin être l'ouvrage que de l'écrivain aussi incomparable par la composition éclectique de sa culture intellectuelle et morale que par les dispositions et le mérite avec lesquels il les féconda, que je crois avoir été assez heureux de vous faire apprécier dès

les premières paroles de ce discours. C'est depuis la plus grossière enfance du genre humain
que notre auteur suit pas à pas sa marche et ses
progrès ; jusqu'au moment où il s'approche de
la plus haute période du perfectionnement de
ses idées et de son existence religieuse. Du sentiment religieux, en général ; de la nécessité de
le distinguer des formes pour connaître la
marche des religions, de leur effet moral,
comme preuve de ces distinctions qui expliquent
pourquoi plusieurs formes religieuses sont ennemies de la liberté, tandis que le sentiment religieux lui est toujours favorable : de la
forme que le sentiment religieux revêt chez les
sauvages, des efforts du sentiment religieux
pour s'élever au-dessus de la forme : tels sont,
vous le savez, mais vous ne me blâmerez pas de
me l'entendre rappeler, les sujets des premiers
volumes du grand ouvrage que notre grand écrivain composa tout entier à Gœttingue, et fit paraître successivement à Paris. La nature et
l'influence du sacerdoce dans les premiers temps
de l'histoire, ce qu'il y eut d'admirable dans la
législation de Moïse, trop supérieur en morale
et en sagesse à l'état où était, à l'époque de sa
subite apparition, le peuple qui en reçut le
bienfait surnaturel, et les germes que dès-lors

il renfermait déjà pour sa transfiguration future
en code moral universel : tel est le vaste tableau
retracé à grands traits dans le second volume
de l'ouvrage sur la religion. La civilisation religieuse de l'Inde, antique berceau du genre
humain, la naissance du polythéisme grec, les
temps héroïques, Homère, ses poëmes, et ceux
qui lui sont attribués, tel est, vous le savez
aussi, le sujet du troisième volume, qui suffi-
rait pour mettre le premier de nos publicistes et
de nos législateurs au premier rang de nos
écrivains et de nos savans. Ces trois volumes
avaient répandu en France des torrens de vives
et nouvelles lumières ; ils avaient porté, là où il
avait pu pénétrer parmi nous, des coups mor-
tels à l'influence conservée encore par un livre célèbre publié dans le dernier siècle, loin
d'être sans mérite, et dont l'auteur a laissé
d'honorables souvenirs personnels, mais dont
le triste et fallacieux objet était de chercher
avec une ingénieuse et opiniâtre perspicacité,
dans les révolutions et constellations célestes*,
d'allégoriques explications que notre profond et
judicieux écrivain trouvait toujours avec une
admirable supériorité dans les besoins intimes,
dans les replis cachés, dans le sanctuaire indes-

* De l'Origine des cultes, par Dupuis.

tructible de l'âme et de la conscience humaines. Ces volumes parurent quand nous étions heureux encore de posséder celui à qui nous les devions, et avant le triomphe de la cause à laquelle il allait être enlevé, et cette perte immense fut suivie aussitôt des deux derniers volumes. Le perfectionnement et la chute progressive du polythéisme, par la disparition si éminente des formes sensuelles, les vains essais du système allégorique et la chimère du néoplatonisme, puis le triomphe de la philosophie spiritualiste de Socrate et de Platon, le théisme et l'unité par la fusion toute-puissante de ces doctrines et de la tradition et de la théogonie juive, voilà le sujet des derniers volumes sur l'*Histoire de la Religion*. Enfin, il y a peu de semaines, et pour ainsi dire, peu de jours que parurent les derniers volumes de l'ouvrage tout entier. Ces deux derniers volumes sur le *Polythéisme romain*, dignes de ceux qui les ont précédés (c'est le seul éloge qu'il soit permis de leur donner), ont été exposés à vos regrets et à votre admiration sous les auspices d'un des hommes les plus justement honorés de l'amitié de B. Constant *, et dont s'enorgueillit à juste titre la ville si juste-

* M. Mather de Strasbourg, correspondant de l'Institut, inspecteur général de l'Université royale.

ment enorgueillie elle-même d'en avoir sur les
bancs législatifs, enrichi la France toute entière (10). *L'époque où les idées religieuses dispa-
raissent de l'âme des hommes est toujours voisine
de la perte de la liberté. Des peuples religieux
ont pu être esclaves : aucun peuple incrédule n'a
pu être libre :* telle est l'épigraphe de ces deux
derniers volumes, tirée de l'auteur même, et
choisie par son digne éditeur, comme résumant,
pour ainsi dire, en quelques lignes, sa pensée
tout entière. Après cette vaste et si imposante
exposition de l'histoire religieuse du genre humain, depuis sa première et grossière enfance
jusqu'à l'avénement de sa plus sublime et pure
universalité, il restait encore à B. Constant
d'élever un monument semblable au christianisme lui-même, à l'histoire de ses premiers et
nobles succès, de ses dégénérations décroissantes
avec les ténèbres de la barbarie, et de ses futurs,
derniers et durables triomphes avec ceux des lumières, de la justice et de la liberté ; mais ce
dernier monument fut élevé par lui long-temps
même avant la publication des volumes qu'il
était appelé à compléter. L'article *Christianisme,*
dans l'Encyclopédie moderne de M. Courtin (11),
publié dans cet ouvrage auquel travaillèrent
tant d'illustrations contemporaines, fut publié

dans un des momens, à une époque la plus marquante de la carrière politique de notre grand citoyen; et il forme, avec les volumes que, d'après la nature de son sujet, il devait suivre, mais que, d'après les circonstances de sa publication, il a dû précéder, la première histoire complète, et qui le fut entièrement, autant qu'elle est complètement digne de son objet, de l'histoire philosophique de la civilisation religieuse du genre humain tout entier. Avant de reprendre la carrière politique de notre grand citoyen, et le fil des événemens plus grands et plus mémorables auxquels elle va être attachée, j'ai voulu vous faire apprécier d'abord en lui, dans toute son étendue, le mérite du moraliste, de l'historien et du philosophe. Qu'il vous suffise de vous rappeler, en m'entendant parler maintenant de son inflexible et lumineux patriotisme, que celui qui vint ici, par de nouvelles et plus grandes merveilles, honorer et servir la France, s'était d'abord placé au rang le plus éminent parmi les hommes les plus distingués, par sa science, et parmi les bienfaiteurs de l'humanité tout entière; enfin que celui qui va maintenant se dévouer avec le plus d'éclat et de générosité pour nos plus vrais et plus précieux intérêts de la terre, s'était d'abord illustré en

6.

attachant, par une chaîne céleste, notre monde terrestre aux craintes et aux espérances de l'éternité. A peine B. Constant eut-il quitté la France, que commença successivement l'accomplissement rapide de ce qu'il craignait, d'accord avec les prévoyans amis de la liberté, en même temps que les triomphes et les grandes conceptions de divers genres qui, en enivrant la nation par la gloire et la prospérité du présent, l'aveuglait sur l'inévitable et prochaine nécessité de l'avenir. Le Code civil, purgé des taches contre lesquelles sa voix et celle de quelques-uns de ses plus illustres collègues s'était élevée avec tant de force, obtint son suffrage bien plus que les autres codes, et surtout celui qui portait l'empreinte d'une soupçonneuse sévérité. Le concordat, qui rétablissait en France, dans l'empire social, les autels de la religion dont il allait démontrer le pouvoir dans le monde moral, et qui réunissait, pour la première fois, sous l'égide d'une même justice protectrice, les diverses formes de croyance, également dignes de l'appui social, de la foi chrétienne, obtint également, dans ses bases, sinon dans toutes ses conséquences, ses glorieuses et vives sympathies, en applaudissant aussi à cette fondation de la légion-d'honneur, noble récompense de la valeur militaire , et qui allait en enfanter les plus sublimes prodiges , avec l'ingénieux Chauvelin et l'austère Savoie-Rollin , comme récompense et institution du mérite civil , il eût regardé comme prélude de la résurrection des influences purement monarchiques , cet ordre , instrument de puissance dans les mains d'un gouvernement qui ne s'appuie que sur la faveur et la séduction , embarrassant et à charge pour celui qui ne s'appuie que sur la justice et la vraie gloire , et qui ne saurait plus donner ni ôter à ceux qui le recherchent et l'obtiennent , ni la considération , ni l'estime , ni la renommée. Que son opposition eût été vive et profonde à ce système d'instruction publique qui détruisit, pour les remplacer d'une manière qui en était si peu digne , ces écoles centrales d'où sortirent tant de célébrités contemporaines (12), et qui , régularisées dans leur organisation peu défectueuse, nous eussent dès-lors si précieusement dotés de ces institutions analogues à celles dont s'honorent aujourd'hui l'Allemagne et l'Angleterre , et que la France peut enfin attendre aujourd'hui des nouvelles études et des nouveaux voyages du jeune et illustre savant qui (13), après avoir été leur plus brillant élève , a eu la gloire d'en répandre parmi nous les plus rares et pures

richesses. Les événemens précipitent leur cours ;
sur la ruine des partis expirans l'empire s'as-
sied, victorieux et redoutable. Notre illustre et
excellent B. Constant déplora amèrement les
déplorables et odieuses catastrophes qui accompagnèrent ses triomphes intérieurs. Dans les
fossés de Vincennes, dans les tours du vieux
Temple, aux rives du Nouveau-Monde, les sup-
plices et l'exil, la gloire et la grandeur évanouie
trouvèrent, dans son âme noble et élevée, les
mêmes douloureuses sympathies que, dans sa
première jeunesse, les échafauds et les proscriptions qui étendirent un voile de deuil et d'op-
probre sur la France tout entière. La couronne
impériale est posée sur le front du moderne
César ; les dernières garanties des institutions
nouvelles disparaissaient à mesure que renais-
saient les vanités et les démarcations anciennes.
Comme Lambretch, Lanjuinais, Boissy-d'Anglas,
Cabanis, Lenoir-Laroche, et d'autres illustres
contemporains encore existans, B. Constant n'eût
pas élevé la voix pour la conservation d'une république pour laquelle les penseurs prévoyans
ne voyaient jamais l'avenir, et qui alors avaient
même perdu la possibilité présente ; mais, comme
eux, il eût demandé, pour consentir à donner
les prestiges d'une forme antique à une gloire

nouvelle, ce qui seul aurait pu rendre cette puissance, ainsi fondée pour le présent et l'avenir, populaire, juste et durable. Excitée par sa première
et ancienne rivale, maintenant la nouvelle et
noble alliée de la France, l'Europe, dès-lors,
il faut le dire, méditait et préparait l'asservis-
sement et l'humiliation de notre belle patrie.
Conduite par le grand capitaine auquel elle a
confié ses destinées, la France, par deux journées immortelles, met l'Europe à ses genoux ;
fougueux, irrésistible, s'étend sur elle le torrent de ses conquêtes. Celui qui, au lieu de fonder dans sa patrie le triomphe de sa glorieuse
révolution, voulut en faire disparaître et flétrir
les plus grands résultats, au lieu de protéger en
Europe le maintien et la résurrection des légi-
timités nationales, rendit la France, au sein de
ses victoires, comme confondue au milieu des
nations frémissantes et indignées dont elle était
entourée, depuis là cité tant de fois détruite et
toujours immortelle, deux fois la capitale et la
reine du monde, la terre des Doria et des Mé-
dicis, jusqu'aux peuples affranchis par les Nassau, et le premier berceau germanique des
franchises municipales ; et les frères du grand
homme égaré, qui appauvrissait ainsi la France
en l'enrichissant de ces absurdes conquêtes,

gouvernaient sous lui, et, il faut le dire, mieux que lui, les peuples soumis à sa vaste puissance. Ce déplorable égarement du génie des conquêtes et de la violence demandait à être signalé et dévoilé par le génie de la politique et de l'amour de l'humanité : il le fut bientôt, et notre immortel publiciste, au moment où s'étendait sur l'Europe entière le sceptre de la domination française, publia un de ses plus célèbres chefs-d'œuvre, son ouvrage sur l'*Esprit de conquêtes et d'usurpation*, qui, en six semaines, vit quatre éditions en France, en Allemagne, et dont l'effet, dans toute l'Europe, fut aussi prompt que prodigieux. Peu de ses ouvrages eurent en France une réputation plus éclatante : il en est peu cependant, je dois le dire, qui y soit moins lu et bien connu. On est bien loin de savoir généralement combien est éminemment nationale et philantropique l'aversion et l'antipathie que B. Constant cherchait, dans cet ouvrage, à inspirer contre l'esprit de conquêtes, d'envahissement et de violence, surtout quand ils ne sont fondés sur aucune analogie, sur aucune juste prétention d'affinité d'origine, de mœurs publiques et d'affection nationale, et on sait encore bien moins ce qu'il faut entendre par l'usurpation qu'il y flétrit à grands traits. On le

savait si peu que, lorsqu'il était devenu le défenseur de la France, de sa Charte et de sa liberté, les conspirateurs ou les Séides de la contre-révolution lui reprochaient d'avoir autrefois
consacré son talent à flétrir l'ususpation, telle
qu'ils entendaient ce mot dans leurs opiniâtres
préjugés, et que nul ne leur répondait, sur
cette étrange transfiguration, du vrai but d'un
ouvrage, plus admiré en France, d'après le
nom de l'auteur et les événemens auxquels il se
rattacha, que d'après son vrai et admirable con-
tenu. Est-il besoin d'ajouter que l'usurpation
flétrie par notre immortel publiciste, c'est celle
qui, dans un état républicain, par les lois, les
mœurs, les besoins et les souvenirs, s'arroge le
pouvoir suprême et héréditaire, qui, là où les
lois et les institutions tempèrent et limitent ce
pouvoir, se l'arroge violent, absolu et infini ;
enfin, le pouvoir militaire ou anarchique, qui
renverse par la force ou l'astuce, pour le rem-
placeraugré des passions ou des intérêts égoïstes,
un pouvoir monarchique ou républicain, qui,
fondé sur les lois, les reconnaît et les observe ;
mais que jamais il n'a pu songer à donner le
nom d'usurpation à la substitution dont l'histoire nous fournit de mémorables exemples,
d'une autorité nouvelle, juste, pure et natio-

nale, sur la destruction et les débris d'une puissance devenue vermoulue, oppressive et ténébreuse? C'est à l'occasion de cet ouvrage que le roi actuel de Suède, alors prince royal, et qui avait tant de raisons de ne pas être indifférent à à l'admiration qu'il inspirait, vint le voir à Gœttingue, et eut avec lui un entretien dont les traits les plus remarquables sont connus par tout ce qui a été publié sur B. Constant avant et après qu'il nous a été enlevé, et qui lui donna l'ordre de l'Etoile polaire, le seul qu'il ait jamais reçu, et que jamais on lui ait vu porter. Ce qu'il avait signalé comme devenu impossible, les conquêtes et les usurpations antinationales, ne tarda pas à s'évanouir avec la chute extraordinaire qui le parut à l'univers entier, et devait le paraître assez peu à celui dont le génie l'avait pressenti, deviné et annoncé. Les destins suivent leurs cours, et, à la première chute de Napoléon, à la première entrée des phalanges européennes dans la capitale de la France, humiliée pour la première fois par ces désastres immenses, succède l'arrivée à Paris des plus éminens parmi ceux qui, sans le désirer, l'avaient regardé comme nécessaire, inévitable : Bernadotte qui, devenu prince européen, ne put, comme il le

voulait sans doute, se rappeler que la valeur
française avait été le premier marche-pied de sa
gloire et de sa puissance; la fille de Necker,
qu'allaient être si heureux de revoir les admirateurs de son génie et de son beau caractère;
son digne et excellent fils, dont nul, dans cette
enceinte, n'a oublié les nobles et saintes vertus, et, avec lui, notre immortel B. Constant
lui-même. Ainsi, dit l'ingénieux auteur de lettres dont je suis obligé plus d'une fois de relever
les graves et involontaires erreurs, mais aux
partis dignes de confiance desquels il m'est
agréable de rendre justice; ainsi la providence,
qui avait permis qu'une royauté hostile à la
France arrivât à la suite des bagages ennemis,
avait déjà placé dans ces mêmes bagages et auprès d'elle l'homme qui devait la contenir et
l'arrêter dans ses empiètemens. Nous voilà arrivés à une époque bien mémorable de son histoire et de nos révolutions politiques : nul ne
fut, dans tout ce qui a été dit ou écrit sur
elle, l'objet de plus d'erreurs et de mensonges : quelques mots, pour les relever, auront,
je ne puis en douter, votre approbation et vos
suffrages. On a parlé de vives amitiés, de passions profondes éprouvées pour des femmes distinguées par l'esprit, les grâces et la beauté,

et qui attachèrent alors à la cause royale B.
Constant, lié autrefois, comme il était alors et
pour toujours, par de nobles et sincères affections, et depuis, par un lien sacré, à des femmes éminemment distinguées par les qualités
du génie et de l'âme. Rien de plus faux que
ces assertions, et de plus facile à démentir.
C'est avec la plus entière sincérité, avec le plus
vif attachement à la cause de la France, que
B. Constant embrassa, à cette époque, celle
d'une famille qui revenait avec les plus nobles
et les plus touchans souvenirs, et qu'il se livra
à l'espoir de voir fleurir une monarchie antique
renouvelée par la sève vivifiante de la liberté :
tout prouve cette vive conviction, ou du moins
cette vive espérance de sa part, et tout aussi
l'explique et la fait trouver naturelle. Napoléon
était tombé sous le ressentiment des rois et des
peuples de l'Europe, et sous la trahison des
vieux ennemis de la liberté, les uns courbés
dans la poussière de ses antichambres, les autres arrivés avec les phalanges étrangères, après
avoir long-temps avec elles déchiré le sein de
la patrie; mais Napoléon tomba aussi sous l'indignation long-temps comprimée des amis de
notre mémorable régénération de 1789, des
plus vrais et constans amis de la liberté, que

aveuglé jusqu'au dernier moment, Napoléon avait laissé étrangement fouler aux pieds, non pas, l'avenir le prouvera bientôt, qu'il la haïssait, mais parce que jusque-là il avait été hors d'état de la connaître, et d'en mesurer la nature et la nécessité; et ses plus anciens et illustres amis figuraient à la tête de l'état, au milieu de ceux qui appelaient au trône, et au nom du peuple, un prince que, dans sa jeunesse, elle avait vu parmi ses premiers soutiens. Nul ne devait avoir moins d'éloignement que B. Constant à saisir un instant cette planche de salut dans le naufrage de la gloire et de la puissance française. Ainsi que je l'ai dit, il n'avait aucun engagement envers les époques précédentes de la révolution française; il n'en avait qu'envers le bonheur, la liberté et la dignité de la France elle-même. Le drapeau, redevenu à jamais le drapeau national, pouvait avoir cessé à ses yeux d'être celui de la victoire et de la liberté; et lui aussi surtout devait désirer et pouvait un instant espérer que le drapeau autrefois glorieux et pur de nos ancêtres redeviendrait tel pour nous et pour nos descendans, en devenant à la fois l'étendard de la France ancienne et de la France nouvelle : lui-même plus tard l'a dit dans un de ses innom-

brables, dans un de ses meilleurs écrits politiques, à défaut d'autres titres qui pouvaient
être victorieux en ce moment ; le prestige de
l'ancienneté pouvait alors l'être aux yeux de la
France ; l'empire était tombé avec la victoire
qui l'avait élevé. Le fils de Napoléon et de la
fille des Césars, pour laquelle il avait quitté
la compagne des premiers et beaux jours de sa
gloire, n'offrait à la France, ni des garanties de
liberté, ni celles de l'indépendance. Bernadotte, en remplissant ce qui peut-être était
son devoir envers le peuple dont les destinées
allaient lui être confiées, avait perdu tous les
droits que d'anciens, grands et divers services
à la cause nationale lui avaient donnés à l'affection et à la confiance de sa patrie, et des rives lointaines retenaient encore le prince vers
lequel, dès les premiers pas des ennemis de la
France dans la carrière du parjure et de la
trahison, devaient se porter les regards, les
vœux et les espérances des Français patriotes et
éclairés. Notre immortel écrivain se rallia donc
un des premiers, guidé par l'instinct d'un patriotisme brûlant, mais confiant et sincère, au
frère de Louis XVI, qu'appelait au trône la
voix de ceux qui alors seuls pouvaient représen-
ter la France ; à sa fille, que recommandaient

à une âme comme la sienne tant de malheurs inouïs et de vertus incontestées ; et lui surtout devait espérer que la voix de l'expérience, de la raison et de l'honneur l'emporterait sur les complots stupides du parti à la tête duquel il vit dès-lors celui de qui, depuis sa juste et dernière expulsion, un député éloquent a dit qu'il avait été le fléau de ses frères avant d'être celui de sa famille ; telle fut, à cette époque mémorable de son immortelle carrière, la vraie, la seule conduite du grand citoyen sur lequel furent dès-lors, comme bientôt après, répandus tant de faits contraires à la vérité par l'erreur, l'intérêt et les passions malveillantes. Peu de jours lui suffirent pour montrer ce que la France, quel que dût être le cours de ses destinées, avait à attendre encore de son amour et de son génie. Qui ne se rappelle cet article prophétique du plus anciennement célèbre de nos journaux politiques où, très-peu de jours après l'entrée des alliés à Paris, il présenta la restauration de la famille des Bourbons comme ne pouvant être salutaire et durable, si elle ne réunissait les avantages d'une dynastie antique et incontestée avec ceux d'un gouvernement libéral, pondéré et constitutionnel, où il s'appuyait, pour prouver son système et justifier ses prévisions , de l'exemple des Stuarts et de l'avénement de Guillaume III , dont il aurait voulu voir réunir à Louis XVIII le rôle et le caractère avec ceux de Charles II ? Aussitôt après , dans le court intervalle qui s'écoula entre la déclaration de Saint-Ouen , qui consacrait tous les droits et renfermait le germe de toutes les libertés , et la concession humiliante de la Charte constitutionnelle , avec la rapidité de l'éclair , B. Constant publia un nouvel et important ouvrage sur les vrais principes du gouvernement représentatif : là il indiqua les bases fondamentales sur lesquelles il devait être établi , pour être réel , vrai et solide. L'élection des députés indirecte , mais de deux degrés , moyennant le suffrage universel au premier degré , réclamée aujourd'hui par tant de faux et d'aveugles amis de la liberté , y était dévoilée , pour la première fois , comme un mode chimérique et illusoire , instrument constant et docile dans les mains de toutes les autorités oligarchiques ou populaires. Pour la première fois il demanda , comme le seul mode réel et vrai de représentation , l'élection directe par des électeurs offrant, comme en Angleterre et en Amérique même , la garantie d'une contribution d'une propriété fixe et modérée , et sans aucune considérable condition d'éligibilité; il demandait en même temps une Chambre de représentans nombreuse, accessible à la jeunesse, jouissant, avec le gouvernement, du partage de l'initiative des lois, et une Chambre haute, composée de grands propriétaires, avec cette prérogative de l'hérédité que le premier il montra être dans les plus graves intérêts du peuple et de la liberté, avec cette force lumineuse qui paraît avoir à jamais perdu parmi nous, sur ces hautes questions, du moins dans les classes les plus nombreuses, la faculté d'être comprise et appréciée. Cette Chambre haute, il la demandait, à la nomination illimitée du monarque ayant le droit de dissoudre les Chambres, de faire grâce, et sans aucune limite de la liberté de la presse, celle des consciences, l'indépendance judiciaire. Voilà ce que, dans le court intervalle de temps que je viens de rappeler, B. Constant fit pour la France, et pour la faire entrer, après tant d'affreux orages, et après qu'elle fut délivrée, par de trop cruels revers, d'un lourd et brillant despotisme, dans le port de calme, d'ordre et de liberté, qui à peine s'ouvre aujourd'hui pour elle, après tant de nouvelles et déplorables épreuves, après des combats de géants auxquels il eut une part si immense par son génie et son caractère, aux rayons du soleil et des nobles victoires, de ces journées dont à peine ses yeux prêts à se fermer virent briller les premières, et qui furent pour lui les dernières lueurs; la France put le regarder, pour ainsi dire, pour cet ouvrage profondément médité depuis si long-temps, mais écrit et publié avec une si prodigieuse rapidité, comme son vrai législateur politique. Toutes les bases fondamentales d'une vraie et entière liberté qu'il y demandait, furent successivement et laborieusement obtenues, durant la lutte opiniâtre à laquelle il prit une part si constante et si immense, et toutes celles qui nous manquaient encore, et dont les graves lacunes encourageaient dans leurs coupables desseins ceux qui aspiraient à nous dépouiller de toutes celles que nous avions conquises, furent obtenues avec le germe fertile de leur développement progressif, futur et prochain, de notre glorieuse révolution de juillet, et de l'avénement au trône national du prince qui seul pouvait garantir la durée de ses plus chères et précieuses conquêtes. Ici, Messieurs, commence, dans la carrière de notre grand citoyen, le moment où entre dans le monde une génération contemporaine, qui a pu en suivre, en apprécier, en admirer la glorieuse continuation, et au milieu de laquelle se trouvent déjà et se trouveront peut-être encore quelques-uns de ses plus dignes continuateurs ; c'est aussi le moment où commencèrent pour moi-même quelques-uns des plus doux instans d'une carrière si féconde en amertume, relations dont le souvenir maintenant m'impose des regrets qui ne finiront qu'avec ces amertumes depuis si long-temps redoublées, que je rougirais de supporter, si ce n'était par la conscience de ne les pas mériter. Vous me permettrez de passer maintenant avec une bien plus grande rapidité sur une carrière assez généralement, depuis le moment où nous sommes arrivés, connue et appréciée, mais en même temps de vous faire connaître, par le sincère récit de quelques circonstances dont, à juste titre, les souvenirs sont à jamais ineffaçables dans mon cœur et ma raison, les pensées et les sentimens les plus intimes sur les plus graves intérêts de la patrie et de l'humanité de notre immortel citoyen. Revenu à Paris où j'avais passé autrefois quelques-unes des heureuses années de ma jeunesse ; présenté, dans les derniers momens de l'empire, par un préfet dont s'honoraient les lettres et l'humanité, pour remplir, au milieu de mes concitoyens,

7.

une fonction administrative *, je venais d'adres-
ser à l'auteur de *Corinne* et de ce livre *de l'Allemagne*, dont la France commençait à s'enor-
gueillir, l'hommage d'une lettre que, dans le
même intervalle, entre la mémorable déclaration de Saint-Ouen et l'humiliante concession
de la Charte constitutionnelle, j'avais adressée
à l'illustre et courageux Lanjuinais, et qui, dans
son humble obscurité, était de la sympathie la
plus complète avec quelques-uns des vœux ex-
primés dans l'admirable monument législatif et
politique de notre immortel publiciste. J'avais
reçu les premiers et indulgens témoignages de
sa glorieuse et encourageante bienveillance, en
présence de mon illustre compatriote, l'auteur
de la *Reine de Golconde*, qui vit, comme on
le sait, le jour à la cour de Stanislas, et auquel elle m'avait réuni dans une ingénieuse
bonté si digne d'elle. Elle m'annonçait que je
verrais dans quelques jours chez elle le traducteur de la tragédie de *Walstein*, ce chef-d'œuvre
d'une littérature que la première elle m'enga-
gea, d'après ce qu'elle voulait bien penser de
mon aptitude à y réussir, à faire connaître et

* M. Riouffe, le panégyriste de Louvet dans la
chaire de l'Athénée, le peintre, l'historien honorable de
de la terreur, mort préfet à Nancy en 1814.

apprécier dans cette chaire où vous me voyez reparaître aujourd'hui, l'explorateur des sentimens religieux, le défenseur de la liberté religieuse, qu'elle me félicitait avec chaleur de défendre aussi dans l'intérêt de la classe de l'humanité où la providence m'a placé : ce sont ses expressions, et vous y reconnaîtrez facilement son langage et ses croyances. Elle me tenait ce langage en présence de ses deux enfans, auxquels elle avait inspiré les mêmes croyances, dont l'un, hélas ! a été enlevé à ce monde assez peu d'années après elle, tandis que l'autre y trouve, dans le haut rang qu'elle est si digne d'occuper, le plus noble encouragement dans le bien qu'elle est si heureuse de faire, et la plus douce consolation de douleurs et d'injustices imméritées. Ce ne fut cependant pas chez elle que je vis, pour la première fois, son digne et immortel ami ; un des hommes les plus justement célèbres de nos jours dans l'art sacré de guérir les maux de l'humanité, et qui, dans cette chaire aussi, a été l'interprète ingénieux des mystères de l'organisation humaine, et à la digne famille duquel, que tous ceux qui la connaissent savent être si éminemment aimable, instruite, et avec des opinions et des formes de croyance diverses, patriote instruite et chré-

tienne, m'attachaient dès-lors la reconnaissance et les regrets de la perte précoce et alors
récente, que je signalais tout-à-l'heure, du
peintre énergique des crimes de la terreur, l'ami
de proscription de Louvet, à qui ici même il
avait payé le tribut que je paie aujourd'hui à la
mémoire de B. Constant, vit un jour réunis
chez lui quelques-uns des principaux personnages de l'opposition nouvelle et patriotique qui
venait de se former à l'instant où la branche
aînée des Bourbons commençait à entrer dans
la voie fatale qui devait la conduire à sa perte,
et, par un circuit si longuement cruel, nous
conduire à notre délivrance, et au milieu de
laquelle s'élevait le plus jeune et déjà le plus
illustre de ceux qui la composaient. On daigna
aussi m'y accueillir avec bonté, et ce fut là que
je me trouvai pour la première fois en présence
de celui vers lequel je vis se porter tous les regards d'une considération attentive, et qui ne
devait plus cesser un seul instant d'être l'objet
de l'admiration et de la reconnaissance des amis
de la France et de l'humanité, comme de ma
vive et respectueuse affection. Il daigna venir
spontanément à moi, et me parler avec une in-
dulgente bonté de celle avec laquelle son illustre
amie avait daigné elle-même lui parler de moi

et de mes faibles titres à leur commune et glorieuse bienveillance : « Vous êtes Lorrain, » me
dit-il, et aussitôt il me montra, en peu de mots,
combien il appréciait ce que les anciens souvenirs nationaux et historiques, et la nouvelle
réunion à la puissance et à la civilisation françaises, avaient dû répandre dans nos contrées de
dispositions et penchans favorables aux lumières
et à une sage philosophie ; puis il me parla de
cette connaissance qu'il me savait déjà avoir de
la littérature et de la philosophie allemandes,
qu'il savait être en France si rare, et presque
toujours si peu sérieuse et profonde. Nous en
parlâmes aussitôt la langue, que je l'entendis
avec surprise manier avec autant de grâce et de
facilité que celle dont il était regardé comme
un des habiles, purs et élégans écrivains, et les
citations abondantes de quelques-uns des passages les plus remarquables de Schiller, de
Goëthe et Wieland étaient sa réponse à des allu-
sions que j'avais faites à quelques beaux morceaux qui devaient nous être sympathiques à
l'un et à l'autre de ces poètes, dignes ornemens
du Parnasse de la Germanie. Enfin il me parla
aussi de la croyance religieuse dans laquelle je
suis né, de ceux qui la professent, et dont il
savait déjà aussi, par son immortelle et digne

amie, que j'avais défendu avec quelque chaleur et quelque courage la dignité, l'indépendance et l'affranchissement politiques; il y applaudit avec effusion : « Mes vœux les plus sincères et mon plus ferme espoir sont, me dit-il, que ces Juifs auxquels, comme je l'ai dit quelque part, nos fautes et nos crimes ont fait tant de mal, et qu'ils ont dû en général si profondément abaisser, soient bientôt et partout relevés, ennoblis par la justice et la liberté; et quand ce triomphe aura été obtenu par les progrès de la philosophie, me dit-il en se croisant les bras, et en me fixant avec ce regard doux et pénétrant qui brillait alors en lui de son plus vif éclat, et qui ne l'avait pas quitté à sa dernière heure, qu'en ferez-vous, que chercherez-vous à en faire, vous autres (ce sont ses expressions), forts et sages en Israël ? Laisserez-vous tomber, pour n'être remplacée par rien, une religion qui, fondée dans sa tendance et dans ses formes, sur l'esclavage et l'oppression, ne pourra guère survivre au triomphe de la liberté ? — Non sûrement, répondis-je avec une extrême vivacité; nous voulons les conséquences tout entières des décisions du Sanhédrin, dont je m'honore d'avoir été l'interprète (14). — Mais franchement, continua-t-il, quelles seront ces conséquences dans

leur dernier résultat?—Et vous le savez comme
moi, répondis-je comme électrisé par l'impression enivrante de l'incomparable portée d'esprit
et de savoir de l'homme si justement célèbre
qui m'honorait ainsi de ses plus sérieuses inter-
pellations, de nous conduire naturellement,
par le chemin de nos propres souvenirs religieux, vers la future et générale civilisation religieuse du genre humain tout entier. — C'est à
merveille, me dit-il, avec la plus vive satisfaction,
et je vous en félicite de tout mon cœur : comment n'avez-vous pas tenu ce langage à Mme de
Staël ? — Elle le prenait trop au sérieux, répondis-je, et il était contraire à ma conscience de
m'emparer de son suffrage en captivant la sienne.
Il daigna me répondre : Vous n'en aviez pas besoin ; mais c'est une conduite noble et généreuse. Ce fut le premier instant, le premier
gage d'une amitié, d'un accord sur tous les intérêts intellectuels, sociaux et religieux de l'humanité, qui ne s'est pas démenti un seul instant,
de la part d'aucun de ceux qui apportaient, dans
cette union, l'un, l'admiration et la reconnaissance, l'autre, la condescendance et la bonté.
Je ne crois pas m'être trompé en pensant qu'il
ne vous serait pas tout-à-fait indifférent de connaître ces détails si intéressans par eux-mêmes,

et par ce qu'ils vous rappellent de celui à la
carrière duquel je me hâte de revenir, pour ne
plus la quitter. Le gouvernement, la famille
que les revers et les malheurs de la France y
avaient ramenée, leurs soutiens et leurs amis
étaient divisés en deux partis ; l'un n'avançait dans la voie où l'on était déjà entré qu'a-
vec ménagement et prudence ; l'autre traitait
avec une insolence insensée les vœux et les intérêts de la nation ; l'opposition patriotique,
qui s'était formée, était elle-même divisée en
deux partis aussi ; l'une, pleine d'admiration
et d'enthousiasme pour celui dont la chute
semblait, pour ainsi dire, aussi merveilleuse
que l'élévation pour les grandes et nobles conceptions de son génie et de son courage, aveu-
glée sur ses fautes, ses imperfections et ses erreurs, et qui pensait que l'expérience, la réflexion
des événemens l'auraient éclairé et amené,
pour le système de son gouvernement intérieur,
à des voies plus conformes aux vœux du siècle
et de la raison publique, désirait, et, il faut le
dire, en partie travaillait à sa réapparition sur le
sol de la patrie et le trône sur lequel elle l'avait
élevé : l'ambition, la reconnaissance, le patriotisme et l'orgueil national, tels étaient les mo-
biles variés de ce nombreux et brillant parti ;

l'autre partie de l'opposition patriote était alors
encore moins nombreuse, moins active et puissante, mais déjà plus choisie et éclairée; ce qu'elle
voulait, c'était l'établissement du gouvernement constitutionnel, le triomphe de la Charte,
de ses principes et de ses conséquences; elle le
voulait surtout et de préférence avec le gouvernement que la force des événemens venait de
donner à la France, si ce gouvernement restait
fidèle aux conditions de son existence. La république n'avait alors aucun partisan, pas même le
petit nombre de ceux que les fautes et les malheurs des événemens postérieurs ont pu lui
donner; et, dans le cas d'une révolution nouvelle qui dès-lors eût assuré le triomphe de la
cause constitutionnelle, il n'est aucun patriote
vraiment libéral et éclairé (je ne crains pas,
en le disant, d'être accusé d'adulation envers
le pouvoir existant, car l'histoire déjà atteste
la vérité de mes paroles); il n'est aucun d'eux
dont les vœux et l'espoir ne se portassent déjà
vers le prince qui les rejetait loin de lui, plein
d'espoir qu'il était encore lui-même que le
monarque fondateur de la Charte constitutionnelle, tout imparfaite qu'elle était en elle-
même et dans les formes de sa concession, s'ef-
forcerait et parviendrait de son vivant à en as-

surer le triomphe, les suites et la durée. C'était donc à Louis XVIII, à son gouvernement et à la Charte constitutionnelle que s'était attachée cette partie de l'opposition patriote et libérale ; c'est à elle qu'appartenait B. Constant : est-il besoin d'ajouter qu'il y occupait le premier rang par son courage et par ses talens? Dans une foule de nouveaux écrits étincelans d'esprit et brûlans de patriotisme, il défendit encore la liberté individuelle, la liberté de la presse, la liberté des cultes, et conjura avec sincérité les dépositaires de l'autorité de ne pas entraîner, par leurs fautes, les événemens que plus tard on eut souvent la mauvaise foi de l'accuser d'avoir désirés. Il n'était plus temps ; les dissensions du congrès de Vienne, les discordes civiles en France, l'enthousiasme que l'on savait avoir été conservé par l'armée pour le chef qui l'avait si long-temps conduite à la victoire, et dont les revers étaient généralement attribués, non à ses vraies causes, mais à des trahisons vraies ou imaginaires, l'enthousiasme de ses partisans, l'extrême popularité que son nom conservait encore dans les classes les moins éclairées, l'amenèrent sur les côtes de Provence ; bientôt il fut à Lyon ; mais il n'était pas impossible encore de le repousser. On négociait avec les chefs du parti constitutionnel et libéral, et dans lequel notre grand écrivain avait un rang si éminent; ce fut pendant cette négociation, dont la réussite devint impossible par des causes et des passions qui sont généralement connues, qu'il fit insérer, dans le même journal politique que je désignais tout-à-l'heure, un article où il exprimait envers Napoléon cette aversion vive qui était alors encore à la fois contre lui dans ses principes et ses inclinations; article qui devint, par les événemens de sa vie qui le suivirent de près, le sujet de nouvelles et opiniâtres calomnies, dont le simple, court et impartial récit de ces mêmes événemens va nous montrer sans peine la fausseté et l'injustice. Napoléon entra dans la capitale, après avoir. sans, à peine, aucune opposition, parcouru la France à la tête d'une faible troupe d'élite, des fidèles compagnons de son exil, froidement accueilli par les anciens amis de la liberté, mais porté par l'enthousiasme guerrier et populaire, et surtout par le prestige des couleurs nationales dont la nation tout entière vit avec ravissement reparaître les étendards; et la famille des Bourbons, abandonnée aussitôt par ceux dont les conseils insensés avaient causé cette première, comme depuis, sa seconde et dernière expulsion, se retira aussitôt sur une terre étrangère et ennemie. Le séjour de l'île d'Elbe avait singulièrement agrandi et rectifié les idées et l'horizon intellectuel et politique de Napoléon. Arrivé à la tête du gouvernement du sein des camps et des batailles, formé à toutes les sciences positives qui forment elles-mêmes le grand capitaine et l'administrateur habile, il n'avait guère porté son génie et ses réflexions sur l'histoire philosophique des peuples, la marche progressive de la raison, de la civilisation et de l'humanité entière. Arrivé au faîte du pouvoir, par le triomphe de ses immortelles armes, après le désastre de notre terrible révolution, les crimes et les extravagances causés par l'anarchie, et commis au nom de la liberté, il ne fut frappé que de leurs déplorables et passagers effets, et, sur ses ruines, comme le disait le premier gouvernement provisoire, présidé par le prince Talleyrand, lors de la première chute de la puissance impériale, il ne sut établir que le despotisme, sans dureté haineuse, il est vrai, mais sans aucune limite et sans aucune balance. Il était tombé sous le poids de ses fautes énormes, et son exil dans l'île d'Elbe, tout rapide qu'il a été, fut immensément fécond dans sa pensée, son expérience et son instruction. Plus qu'on ne le croit généralement, cet homme extraordinaire était, devait être en arrière en idées et en connaissances acquises comme homme politique et gouvernemental ; mais son génie était vif, prompt et pénétrant ; les événemens dont il venait d'être vicitme, ses études et ses lectures, les conseils et les communications dont il fut l'objet, dans le court exil de l'île d'Elbe, avaient ouvert pour lui, il faut l'avouer, un nouvel et vaste horizon. Apporté au pouvoir, sur les bras de l'armée, de ses amis et de ses anciens partisans, dès qu'il fut revenu au palais des rois, il y prononça des paroles qui annonçaient qu'il sentait trop tard, il est vrai, le besoin de s'attacher les sages amis de la liberté, que naguère encore il avait essayé de flétrir sous le nom d'idéologues. Le jour même de son entrée aux Tuileries, il parla de Mme de Staël, qui peu de jours avant était retournée à Copet, et du désir qu'il avait de s'entendre dorénavant avec les patriotes et les amis de la nation. Le lendemain, on le sait, il confia le ministère de l'intérieur à l'ancien et dernier défenseur de la république, à Carnot. Tous les hommes supérieurs, qui l'entouraient, et lui-même aussi, commencèrent à penser à un autre bien illustre et important ami de la liberté, à B. Constant. Celui-ci, qui venait de faire contre lui une si violente déclaration, que lui avaient dictée sa conviction alors intime et ses généreux sentimens, était allé un instant chercher, chez le ministre de l'Amérique, un refuge qu'avait préparé pour lui son illustre et ancien ami, le général Lafayette, et l'un de vos anciens et illustres présidens, le comte de Tracy; de là, accompagné d'un consul américain, il voulut se rendre à Nantes; mais, ayant appris en route que cette ville s'était déclarée pour Napoléon, il revint à Paris, et là, au lieu de la persécution à laquelle il pouvait un instant s'attendre, il vit arriver successivement chez lui les hommes qui étaient les plus dignes et les plus capables d'être les intermédiaires entre lui et l'homme extraordinaire redevenu l'empereur des Français. M. de Gérando, comme lui nourri du lait de la littérature et de la philosophie allemandes, le sage et profond historien de la pensée humaine; le duc de Bassano, que Napoléon, dans son exil, nous a toujours dit avoir été auprès de lui comme le représentant de l'Assemblée constituante, et plusieurs autres de ses hommes d'état les plus distingués, qui protestèrent devant lui de la résolution de l'empereur de donner à la France un gouvernement libre et représentatif. Néanmoins B. Constant demanda

des passeports pour aller rejoindre son épouse
en Allemagne. Le duc d'Otrante l'appela pour
en conférer avec lui, mais dans le véritable dessein de le décider enfin de consentir à se rap-
procher du gouvernement. Alors une entrevue
fut ménagée entre Napoléon et B. Constant : là
Napoléon protesta de son retour sincère à un système de liberté au dedans et de modération au dehors; et notre grand citoyen, qui voyait l'indépendance de la France menacée par la coalition des
puissances étrangères que tous les intérêts et
les passions rendaient inévitable, et pouvant
être sauvée par le génie et l'épée d'un grand capitaine, accepta enfin la place de conseiller-
d'état qui lui était offerte avec instance : voilà
la vérité tout entière sur la conduite tant de
fois méconnue et dénaturée à cette époque cé-
lébre de la vie de notre immortel publiciste.
Qui ne sait la conduite qu'il tint dans les événe-
nemens mémorables qui suivirent bientôt après?
De concert avec les plus irréprochables et purs
amis de la liberté, il allait faire proposer et soumettre par Napoléon à la sanction de la France
une constitution nouvelle et complète qui eût
renfermé toutes les garanties et toutes les institutions que dejà, avant la concession de la Charte
constitutionnelle, il avait indiquées comme in-

dispensables à la vérité du gouvernement représentatif ; d'autres intérêts, d'autres combinaisons y firent soudain substituer cet acte additionnel aux constitutions de l'empire, auquel, je crois, la France donna une sanction réelle quant au fonds, illusoire quant au mode et à la forme, auquel B. Constant fut bien loin d'avoir une part aussi considérable que celle qu'on lui attribua, qui laissait sans doute beaucoup à désirer, et restait bien au-dessous de ce qu'aurait proposé B. Constant avec ses dignes collaborateurs, mais dont les imperfections furent aussitôt exagérées, avec la passion la plus extraordinaire, par des amis enthousiastes de la liberté, ou qui en prenaient le masque pour servir leurs vues ambitieuses, et qui tous, comme il l'observait souvent lui-même, n'avaient commencé à se plaindre que lorsque l'on commençait à leur donner des garanties, et par les partisans du gouvernement déchu, comme autrefois et comme plus tard, apôtres de la licence quand ils ne peuvent plus l'être du pouvoir absolu ; acte qui, enfin, bien inférieur en garanties libérales à la Charte dont la révolution de juillet a doté la France, que ses législateurs ont offerte au souverain qu'ils ont choisi, et que celui-ci a jurée, était déjà bien supérieur cependant à la Charte si imparfaite que Louis XVIII avait concédée à la France, dont celle-ci plus tard était réduite et résignée à se contenter. Notre immortel et généreux publiciste ne voulut néanmoins pas avoir sa part de responsabilité personnelle que l'injustice et la passion augmentaient pour lui dans l'opinion générale, de ce qu'il y avait de réel dans les imperfections de cet acte célèbre, et que, de toutes parts, l'opinion lui reprochait avec la plus vive amertume; et, comme avant la Charte constitutionnelle il avait publié un ouvrage pour montrer ce que la France attendait et ce qu'elle eût dû recevoir, après la promulgation de l'acte additionnel, il publia un nouvel ouvrage, comme le premier, avec la plus étonnante rapidité, pour montrer les défauts qui devaient être reprochés à ce que la France venait d'obtenir, et les moyens de perfectionnement et d'amélioration qu'il renfermait en lui-même. *Principes constitutionnels*, tel était le titre de ce nouveau livre où, comme dans le premier, il désignait et demandait tout ce qui pouvait assurer à la France les biens précieux pour lesquels elle avait fait sa longue et sanglante révolution : la liberté, l'ordre, la prospérité et la justice; une représentation nationale, directe-

ment nommée avec les conditions électorales ,
sans condition d'éligibilité, et une directe initiative, une Chambre des pairs héréditaire,
forte et indépendante, sans autre noblesse ni distinction ni prérogative, telles que, quelques semaines après le demanda aussi, avant de se sépa-
rer devant les légions ennemies, la Chambre des
représentans patriotes ; des institutions municipales, réelles, populaires, et toutes les garanties dont les unes étaient accordées en partie et
les autres entièrement. Cet ouvrage augmenta
la gloire et les titres à l'estime publique de notre immortel publiciste ; il ne changea ni n'arrêta le cours et la nature des événemens.
La coalition européenne s'était formée ; la brillante et inféconde solennité du Champ-de-mai
eut lieu ; la Chambre des représentans fut con-
voquée, et se montra ce qu'elle était, patriote
et amie de la vertu, en portant au fauteuil de
sa présidence l'austère et irréprochable Lanjuinais. Un de mes souveuirs intéressans, et qui
me rappellent de précieuses manifestations patriotiques de ce vertueux citoyen, et de notre
immortel et excellent B. Constant, me paraissent dignes en ce moment de votre attention
et de votre suffrage. Dans le salon du digne
proscrit du 31 mai, j'étais seul avec lui, ho-

noré, comme souvent, de ses précieux et intimes épanchemens sur les plus graves intérêts de
la patrie, de la morale et de l'humanité ; on
annonce le célèbre publiciste patriote qui, peu
de jours avant, avait enfin accepté le titre de
conseiller-d'état. L'austère sénateur de l'opposition libérale, qui était resté indépendant du
pouvoir, reçut avec une réserve sévère l'ingénieux et éloquent tribun éliminé qui venait de
se rallier à la puissance ressuscitée. Celui-ci, qui
venait lui offrir le tribut de son admiration morale et patriotique, chercha aussitôt à le con-
vaincre que, dans cette grave circonstance de sa
vie, il avait agi avec une conscience sincère,
pure, irréprochable : « Etes-vous bien sûr de ne
» pas vous être trompé ? » demanda, en fron-
çant sévèrement ses redoutables sourcils, l'austère janséniste patriote. « Je vous le jure devant
» Dieu, » répondit l'éloquent et profond philosophe et écrivain religieux ; il se servit plusieurs fois de cette expression, sachant combien
elle était puissante sur la persuasion et la sympathie de celui devant lequel il parlait. « Bona-
» parte s'est trompé, » continua-t-il (ce sont à
peu près ses propres paroles) ; « le jeu du gou-
» vernement représentatif, la neutralité du
» pouvoir suprême avec la responsabilité de ses

» agens ; tout cela lui était à peu près inconnu;
» mais il est homme d'esprit et de tête, et, dans
» son exil, il a appris tout ce qui jusqu'ici était
» nouveau et inconnu pour lui dans le grand art
» de la politique et du gouvernement. Quand il
» sera convaincu qu'on n'en veut ni à son autorité
» ni à sa famille, il abandonnera, quand il le fau-
» dra, les ministres, et gouvernera avec la ma-
» jorité. » Il fit un éloge particulier de l'examen
consciencieux et éclairé de toute chose qu'il
voyait dans le Conseil-d'état, et, l'impartialité
historique me commande ici de l'ajouter, de la
complète et énergique adhésion aux idées libérales et à toutes leurs conséquences, des frères
aînés de Napoléon, de Lucien et de Joseph,
qui prenaient une part active à toutes ses conceptions et ses démarches politiques. L'ancien
sénateur patriote, qui allait être le digne président de la Chambre des représentans, accepta,
en y ajoutant foi, les assurances du tribun libéral devenu conseiller-d'état. Ils se séparèrent
avec les effusions mutuelles de la confiance, de
l'affection et de la justice. C'est donc avec une
entière loyauté que B. Constant s'était rallié au
gouvernement dont il avait été, quand il y
avait le plus de mérite et de courage à l'être,
le loyal et redoutable adversaire. Je dois ajou-

ter ici qu'il n'en jugeait pas moins avec la plus entière équité d'honorables, de grands citoyens à qui leur conviction et leur conscience avaient tracé, non quant au but, mais quant aux moyens, une route, et prescrit une conduite entièrement opposée à la sienne, et qui, en écoutant la voix de leur affection et de leur reconnaissance, croyaient cependant servir l'honneur, la dignité et l'avenir de la France. Dans plusieurs même il voyait de vrais, de sages amis de la liberté, et, d'après les événemens qu'il devait dès-lors regarder comme possibles, et qui arrivèrent en effet, il pensait même que l'avenir de la liberté pouvait se féliciter d'avoir encore à fonder sur eux de lointaines espérances. Parmi ces hommes, il en est un des hautes lumières et des sincères intentions duquel je l'entendis à cette époque parler souvent avec regret et estime, et en s'honorant toujours de lui donner le titre d'ami : cet homme, je balancerais à le nommer, je craindrais, en le faisant, d'odieuses et injustes imputations, si je n'étais convaincu des lumières et de la justice de tous ceux qui m'entendent, de la justice qu'ils rendent à mes principes, à mes intentions et à ma conscience : je le nommerai donc, et cet homme, qui depuis n'a pas cessé de mériter les sentimens et les regrets glorieux dont il était l'objet, est M. Guizot (15). Vous agréerez, j'ose l'espérer, ces souvenirs de vérité que ma mémoire a conservés à mon cœur, et que j'ai aimé à vous retracer; j'en retrouverai d'autres comme eux avec les graves événemens qui continuent de suivre leur redoutable cours. En partant pour se mettre à la tête de nos armées, Napoléon s'était engagé, devant les Chambres, à faire réunir par elles, en un seul code, les constitutions successives de l'Empire, dont il venait de modifier considérablement les premiers caractères absolus et despotiques par cet acte additionnel, auquel l'exaltation, les passions et l'intérêt en supposaient généralement aussi la couleur et la tendance : tardive concession aux vœux et aux sentimens publics. Le sort des armes allait tout décider : vous savez de quelle manière funeste il le fut quelques jours après dans les plaines de Waterloo. Les événemens qui suivirent cette journée de deuil et de terreur, la seconde et dernière abdication de Napoléon, la conduite, dans ces terribles et mémorables circonstances, de la Chambre des représentans, la formation d'un nouveau gouvernement provisoire, le départ, vers les souverains étrangers qui s'avançaient sur notre

capitale à la tête de leurs armées, des ambassadeurs que leur envoyait la France, tout cela
est depuis long-temps du domaine de l'histoire,
et apprécié par vos lumières et votre conscience
patriotique. Permettez encore ici l'hommage
d'un nouveau et intéressant souvenir, qui peut-
être jettera, sur cette mémorable époque contemporaine, quelques lueurs de justice et de vérité. Nos ambassadeurs étaient partis ; ils étaient
revenus, et avec eux notre immortel B. Constant, leur digne secrétaire. Le lendemain du
jour où leur retour fut annoncé, je me rendis
chez lui dès le commencement de la journée,
courbé sous le poids des douleurs et de l'inquiétude que me causaient, comme à tous les
vrais Français, les malheurs et les dangers de
la patrie, et pour être plus rassuré ou plus ef-
frayé que je ne l'étais déjà sur le prochain
avenir qui l'attendait. Mes liens d'amitié et de
reconnaissance, en se resserrant avec lui,
m'autorisaient à ces démarches que me per-
mettaient les convenances, et que mon cœur
me prescrivait. Appréciant avec le sien les titres
que me donnaient mes justes désirs d'offrir à
la compagne de mes destinées une compensa-
tion en rapport avec ses longues douleurs et son
incomparable mérite, appréciant avec raison ce

que j'avais déjà fait, ce que je pourrais faire encore dans une position propre à m'y favoriser, pour la classe de l'humanité à laquelle j'ai dû vouer particulièrement mes faibles facultés intellectuelles et mes vives affections morales, et secondé par l'illustre Boissy-d'Anglas, et surtout par le digne président de la Chambre des représentans, chez lequel j'avais entendu cet entretien si digne d'être retenu, et dont j'ai osé vous faire part, il avait demandé pour moi, au chef de l'état, une honorable et assez haute fonction politique, et le frère de celui-ci m'avait donné, je dois le dire aussi, peu de jours avant le désastre de Waterloo, l'assurance que cette demande serait accueillie(16). Ces témoignages d'amitié, dont m'honorait le grand citoyen, me donnaient donc le droit d'accourir un des premiers pour lui demander, au retour de l'imposante mission à laquelle il venait de prendre part, ce qu'il pensait, ce que nous devions penser nous-mêmes des destinées de la patrie, et de ce qu'il adviendrait de la cause nationale. « Il faut que » la Chambre des représentans prenne un » parti, » me dit-il aussitôt, « un parti quel- » conque, mais qu'elle le prenne aussitôt. Na- » poléon II, le duc d'Orléans surtout, s'il est

» possible de l'avoir et de le déterminer, ou
» même tout autre gouvernement qui accepterait
» les conditions nationales; mais il faut que Paris
» se défende jusqu'à l'arrivée des empereurs :
» lorsqu'ils arriveront , si les Bourbons ne sont
» pas rentrés par la force des puissances actuel-
» ment devant la capitale, ce ne sont pas eux
» qui les remettront, et tout deviendra. possi-
» ble ; mais , s'ils les trouvent remontés sur le
» trône , ils ne les feront pas sûrement descen-
» dre, et notre avenir alors sera plus longuement
» pénible : voilà notre situation, et vous devriez
» dire cela au plutôt à M. Lanjuinais , avec
» lequel vous êtes lié d'amitié. » Telles furent,
à très-peu de chose près, les paroles que m'a-
dressa B. Constant. Vous savez le reste, Messieurs : le chef du gouvernement provisoire , se
séparant des illustres citoyens qui siégeaient
avec lui, négocia avec les ennemis de la France ;
la capitale fut occupée par les phalanges étrangères que commandaient Wellington et Blücher,
et Louis XVIII était remonté sur le trône
de ses ancêtres, en annonçant la résolution, qui
pouvait et devait être sincère de sa part, de ré-
parer les fautes qu'il y avait commises, avant
que les deux et puissans souverains de la Russie
et de l'Autriche fussent arrivés aussi dans les

murs de notre triste et malheureuse capitale.
Vous savez quelles furent alors les premières
vengeances des factions, et aussitôt les proscriptions du pouvoir. B. Constant devait d'abord
y être compris, et la France entière s'attendait
à ce qu'il le fût. De hautes influences, de puissantes considérations l'en firent disparaître pro-
visoirement, et bientôt entièrement, par l'in-
tercession d'un jeune et nouveau ministre, qui
ne resta jamais en arrière de ce qu'il devait et
pouvait pour faire le bien et empêcher le mal(17).
B. Constant alors se rendit en Angleterre; là il
publia ses *Mémoires sur les cent jours*, dans lesquels il révéla ce qui, sur cette époque alors si
récente, pouvait l'être déjà; et ce roman d'*A-
dolphe*, qu'il avait composé à une époque si dif-
férente de sa vie, et qui, par l'étude la plus
profonde, et la plus heureuse peinture des plus
fortes, curieuses, et presque toujours, jusqu'ici, inexplicables passions du cœur humain,
fit une impression si vive et générale, surtout
en France, en Angleterre et en Allemagne, et
par le mérite même de l'ouvrage, qu'on ne saurait dire si cette vogue extraordinaire fut réellement encore augmentée par le nom si anciennement et si nouvellement célèbre de l'auteur
de cet ouvrage qui, en peu de mois, vit, dans

plusieurs pays, s'écouler plusieurs de ses éditions. C'est avec ce nouveau titre, si différent de ceux avec lesquels il venait d'augmenter sa renommée politique, qu'il revint à Paris, où bientôt il fut rejoint par son épouse, qui trouva bientôt à Paris un grand nombre de ses dignes, vrais et nouveaux appréciateurs. Il retrouva Mme de Staël, qui alors forma cette société si distinguée qui rattache à plusieurs de nos tristes époques les plus honorables et intéressans souvenirs, et qui m'en laisse aujourd'hui à moi-même de doux et de consolateurs au milieu de mes plus cruelles et injustes amertumes. Autour de la fille de Necker, se groupèrent le noyau et l'élite de la nouvelle opposition libé-lale et patriotique, qui, après les premières et sanglantes réactions de la vengeance et de la contre-révolution, et après les premiers avénemens d'hommes d'état consciencieux et conciliateurs, préparaient de loin le triomphe futur, et qu'on pouvait espérer progressif et pacifique, de la cause constitutionnelle : le jeune, profond et brillant homme d'état, que, sans autre fortune que son beau nom, son beau talent et son beau caractère (18), Mme de Staël trouva digne d'unir sa destinée à celle de sa digne et vertueuse fille ; plusieurs des hommes de lettres et des philosophes les plus célèbres et les plus distingués de la France et de l'étranger, et enfin notre immortel B. Constant, dont le savoir, l'esprit et la conscience étaient comme l'oracle régulateur de cette illustre et respectable réunion. Un torrent de lumineux écrits coula bientôt de l'esprit et de la plume de B. Constant. Un des premiers fut un écrit conciliateur, caractère si invariablement dominant de sa conduite et de ses productions : il était intitulé : *Sur les moyens de rallier les partis en France*, et réfutait plusieurs écrits de M. de Châteaubriand, dont il appréciait cependant la position, le génie et le caractère. Le *Mercure de France* fut un instant le théâtre où il exerça ses talens. D'ingénieux articles littéraires, conciliateurs aussi, car il l'était dans les matières de goût comme dans les discussions sociales, et son inflexibilité ne s'exerçait que sur les principes et la morale, sur des querelles alors dans toute leur force, le délassement de la sévérité de ses travaux habituels, et charmèrent le public par une piquante opposition au genre habituel de ses travaux. Les amateurs de la philosophie religieuse n'ont pas oublié un article qui parut dans ce même journal, pendant le peu de temps qu'il conserva ce nom, sur l'histoire de saint

Jérôme, par un jeune homme enlevé, peu de temps avant la publication de ce morceau remarquable, à la fleur de son âge ; article dans lequel il indiquait rapidement une idée développée dans son grand ouvrage alors encore inconnu au public : la chute déjà totale du polythéisme, à l'apparition des premières et pures lueurs de la foi chrétienne, et l'anachronisme radical et perpétuel qui en résulte dans le beau et célèbre poëme *des Martyrs*, et qui, bien quoiqu'à peine de quelques pages, fut regardé comme un chef-d'œuvre de philosophie, de savoir et de talent (19). *Le Mercure de France* alors devint célèbre sous le titre de *Minerve* : vous savez quels furent les écrivains distingués qui en firent la vogue politique et littéraire ; trois d'entre eux ont augmenté la gloire de cette chaire : celui qui, dans celle de Delille, fut son digne successeur ; le profond historien de Richelieu ; l'émule et continuateur de Sterne et d'Addisson ; un homme que j'étais heureux d'appeler du nom de compatriote, et qui, à l'aurore de la révolution, mérita, sur les questions les plus importantes de la morale et de l'humanité, les palmes de l'éloquence et de la philosophie ; deux écrivains qui honorent, l'un le théâtre, l'autre la philosophie, et tous les deux actuellement sur nos bancs législatifs *, et Aignan, trop peu apprécié de son vivant, si regretté depuis sa mort : au milieu d'eux, diversement à la hauteur de chacun, notre grand publiciste, notre sage philosophe, notre excellent écrivain. Est-il donc besoin de vous rappeler le nombre prodigieux d'articles de tous les genres qu'il publia dans ce journal ? Vous vous rappelez comment, en combattant l'intolérance et la superstition, en plaidant en même temps la cause de l'influence salutaire et toute-puissante des idées et des institutions morales et religieuses, il fit une impression d'autant plus vive que, excepté son illustre amie qui bientôt devait nous être enlevée, à la France et au monde civilisé, ces nobles doctrines n'avaient point encore trouvé parmi nous d'interprète aussi éloquent, que le grand ouvrage qui devait plus tard mettre le comble à sa gloire, n'avait point encore paru, et que la voix des Cousin, Kératry, Barante, Royer-Collard, Villemain commençait à peine à démontrer, comme il le faisait dans ses pages si profondes et brillantes,

* MM. Tissot, Jay, Jouy, Lacretelle aîné, Etienne et Pagès.

combien la religion, dirigée vers les vrais intérêts de la société, est favorable à la cause de
la liberté. Ce fut à peu près à la même époque
que cette chaire lui fut ouverte : tous vous vous
rappelez les nouveaux et lumineux développement à ses idées dans le premier de ses cours,
digne prélude et complément de ce qu'il avait
écrit sur ce même sujet et son autre cours dans
cette chaire aussi, sur le gouvernement représentatif et le système constitutionnel de l'Angleterre : prélude et complément aussi de ses
ouvrages politiques, et l'éloge d'un respectable
ami de la liberté, que ce pays venait de perdre, Sir Samuel Romilly. Ouvrant son riche
portefeuille, il en tira aussi alors un nombre
prodigieux de pensées détachées et éparses,
qui réveillaient en peu de mots un grand nombre de hautes et graves pensées. Entre mille
autres, je citerai l'endroit où, parlant des funestes effets de la chute générale de la morale
et des persuasions ennoblissantes, il montre
l'époque de ces honteuses catastrophes, comme
approchant promptement de ce tombeau qui
s'ouvre, dit-il, pour les états comme pour les
individus : paroles gravement profondes, qu'on
n'oublie jamais tout-à-fait, et qu'on se rappelle
souvent, quand une fois on les a remarquées.

Ce fut à peu près alors, je crois aussi, qu'il obtint, avec celui des grands écrivains du 18e siècle, avec lequel, sous tous les rapports, il avait le moins de ressemblance, celle qu'il pouvait lui être le plus glorieux d'avoir. Ses démarches, ses écrits couronnés de succès pour l'infortuné Vilfride Renaud furent mis à côté des admirables et heureux efforts de Voltaire en faveur de Calas et de Sirven ; c'est alors aussi qu'il publia, sur une édition de Beccaria traduite en français, des notes aussi peu connues qu'éminemment dignes de l'être, par leur profondeur, leur justesse et leur philanthropie ; la Biographie universelle s'enrichit de plusieurs de ses articles sur l'histoire de l'Allemagne, en même temps que l'Encyclopédie moderne accueillait son admirable article sur le christianisme (20). Après cette excursion, qui vous a fait embrasser l'étendue du vaste champ parcouru par notre grand écrivain dans le domaine de la conception humaine, et, avant de revenir à cette dernière partie de sa carrière politique, sur laquelle, par plus d'un motif que vous appréciez, je passerai avec une rapidité aussi grande que son importance, permettez qu'en revenant à une époque tant soit peu reculée, j'ose encore vous faire agréer un souvenir qui aura , je l'espère , quelques titres aussi à votre intérêt et à votre attention. Le moment où , après la seconde restauration , B. Constant était revenu d'Angleterre , était aussi celui où je devais commencer , dans cette chaire , le cours de littérature allemande qu'un public indulgent et distingué honora de ses bontés , que déjà je devais faire l'année précédente , et qui fut reculé pour des causes que je n'ai point à rappeler ici ; je devais lire le discours d'introduction , avant de le prononcer ici aux hommes distingués qui composaient alors , comme toujours , notre comité d'administration , présidé tour-à-tour par un de nos plus illustres citoyens , et qui l'était , je crois , alors , par un homme qui a été célèbre dans les beaux arts *. Nous venions de nous revoir et de nous embrasser, B. Constant rendu à sa patrie , et moi l'un de ses plus dévoués enfans. Pouvais-je ne pas désirer , avant de lire mon introduction à votre comité d'alors , et ensuite dans cette illustre enceinte, de le communiquer, de le soumettre à un juge aussi admirablement compétent que le traducteur de *Walstein*, l'auteur de son admirable préface, le

---

* Feu Dufourny, célèbre architecte, de l'Institut.

9.

digne ami de l'auteur du beau livre *de l'Allemagne*, et l'un des plus élégans et ingénieux écrivains de la France ! J'étais seul alors, comme à présent, tristement éloigné de ce que j'ai de plus cher au monde. Il daigna accepter une entrevue intime, un modeste repas d'amitié, pour entendre ce que j'avais tant lieu de désirer de lui lire ; mais d'abord notre entretien roula sur la politique, sur le passé, le présent et l'avenir de la patrie. « Que pensez-» vous que nous deviendrons, » lui demandai-je à peu près, « et que peut-on faire pour » la cause nationale ? — Moi, je crois, dit-il, » qu'il faut sincèrement se rallier au roi, et » défendre la Charte de toutes nos forces. La » situation du gouvernement est très-bonne » maintenant, et même meilleure que sous la » première restauration. Si nous triomphons, » cela nous épargnera une révolution nouvelle : » quant à moi, je ne les aime pas du tout. S'ils » ne veulent pas de la Charte, s'ils n'en veulent » pas sincèrement, tôt ou tard ils tomberont, et » ce sont eux qui l'auront voulu. » Dans notre court entretien, telles furent à peu près ses paroles : aucun de vous n'en sera étonné. Dans une assemblée moins éclairée, quelques-uns pourraient s'écrier, en se rappelant les autres manifestations que j'ai rappelées tout-à-l'heure: quelle versatilité! quelle inconstance! vous, Messieurs, vous disiez tous avec moi que notre grand citoyen était indifférent sur les hommes et les formes, qu'il n'était sérieux et constant qu'avec la France, la cause de l'ordre, de la morale, de la justice et de la liberté, et que cet étranger (c'est ainsi que l'appelaient quelquefois nos plus dangereux ennemis), était l'un des plus nobles, des plus sincères et des plus dévoués amis de notre patrie. Je lui lus ensuite ce qu'il voulut bien entendre et juger; sa glorieuse approbation fut le précurseur des suffrages de ceux qui l'entendirent quelques instans après que je l'eus quitté, et qui peut-être s'en rappellent ici en ce moment, et de la bienveillance constante avec laquelle, pendant une saison entière, m'accueillit un public éclairé, dont une partie peut-être m'accorde encore aujourd'hui d'autres et non moins honorables sympathies. Ici, Messieurs, s'offre à mon cœur et à ma mémoire un autre souvenir encore que je ne pourrais passer sous silence sans trahir les devoirs les plus sacrés de la reconnaissance, que notre grand citoyen m'avait inspirés, et qui lui ont survécu. Les suffrages que j'avais obtenus ici, quelques autres succès (21), faible dédommagement des longues et tristes épreuves qui alors déjà avaient commencé pour moi, m'avaient attiré les haines délatrices de ceux qui ne me pardonnaient pas, comme aujourd'hui encore quelques-uns de leurs trop dignes successeurs, de vouloir, par le chemin des lumières et des vertus, conduire à l'entière régénération sociale la classe de l'humanité, pour laquelle d'abord, avec tant de constance, j'avais réclamé la justice et la liberté. Leurs odieuses persécutions, qu'il n'appartenait qu'à eux et à leurs imitateurs d'avoir depuis encore surpassées, excitèrent ici même de ma part, la vive et inconvenante explosion d'une indignation trop justifiée. J'encourus d'abord avec quelque justice votre rigoureuse justice, Messieurs; mais, avec plus de justice encore, l'effet en fut promptement réparé. (22) Quelle voix s'était d'abord élevée en ma faveur ? celle du vertueux Auguste de Staël; d'un grand et regrettable citoyen qui vous a long-temps présidés, Casimir Périer; de l'illustre et vertueux ministre, des talens et du dévouement duquel la France jouit encore *, et qui alors même dirigeait vos travaux ; mais

---

* M. le duc de Broglie était alors président de l'administration de l'Athénée royal de Paris.

surtout celle de notre immortel et excellent B. Constant. Avec tout son esprit et toute son âme, il rappela, dans cette enceinte (beaucoup de vous, Messieurs, se le rappellent sans doute aussi), mes titres à votre estime et à vos bontés, et, vous le savez, il le fit avec succès. Vous me rendîtes alors l'accès de ce sanctuaire, où je retrouve encore aujourd'hui une consolation aussi vive que peuvent l'être les jouissances de l'esprit aux peines amères du cœur. Jugez, en rapprochant un tel témoignage d'amitié et tant d'autres qui l'ont précédé et suivi, si son nom et son souvenir seront éternellement pour moi l'objet de la plus vive et douloureuse reconnaissance ! Quelle carrière de génie et de dévouement vertueux nous venons d'entendre rappeler et d'admirer, et cependant notre grand citoyen n'était jusqu'ici pas monté encore sur le théâtre qui allait être celui de sa gloire la plus éclatante et la plus immortelle. Nous sommes arrivés au moment où il va y monter. Plusieurs fois les électeurs patriotes de Paris avaient fait des efforts redoublés, et toujours vains pour le porter à la Chambre des députés, avec plusieurs citoyens distingués et respectables à divers titres, Casimir Périer, Ternaux, enlevé récemment à l'industrie, à l'amitié, à votre administration, que naguère encore il présidait; Manuel, M. Laffitte, M. Delessert et notre illustre Lafayette ; quelques-uns seulement, malgré le grand nombre de suffrages dont tous étaient l'objet, furent nommés par la capitale. Ce fut le département de la Sarthe qui le premier eut la gloire de porter pour la première fois sur nos bancs législatifs, l'ami et le compagnon de Washington, le premier de nos publicistes et de nos écrivains philosophes. Il y parut entre un grand nombre de talens et de capacités distingués, et entre deux hommes qui, sans avoir la puissance ni la prétention de l'égaler en savoir et en profondeur, étaient ceux qui en approchaient le plus en esprit, en pénétration et en talens, en l'égalant en éloquence, dans le genre particulier de la leur, comme ils l'égalaient aussi en patriotisme et en dévouement à la cause nationale. Quelles que soient les diverses nuances qui le séparaient de l'un d'eux, dans la ligne de conduite que ce noble sentiment lui prescrivait, est-il besoin d'ajouter que ces deux grands citoyens, ces deux illustres députés étaient l'éloquent et courageux Manuel et l'immortel général Foy ? C'est entre ce dernier et son intime ami, Casimir Périer, non loin du héros citoyen dont déjà l'épée protectrice s'était jointe à celle de Washington, comme sa raison et son âme s'étaient confondues avec celle de Franklin, c'est là que B. Constant alla s'asseoir, et qu'il s'assit constamment, en arrivant pour la première fois sur les bancs législatifs où la France le désirait, l'attendait depuis si long-temps. Qu'elle fut mémorable et puissante cette apparition politique à laquelle jusque-là nul autre n'aurait pu se comparer! Pour se faire une juste idée de ce que B. Constant, à la tribune législative, dans les circonstances où était alors la France, devait être et fut en effet, il faut supposer Rousseau, après avoir eu le bonheur de voir la destruction des inégalités sociales réellement oppressives, éclairé sur les dangers d'ébranler, de détruire l'organisation et la hiérarchie sociales elles-mêmes, et sur les moyens de la maintenir en la régénérant, et, de solitaire, rêveur, sombre et enthousiaste, devenu homme du monde plein d'expérience, et orateur plein de chaleur et de facilité (23) ; Montesquieu, avec tout son génie réparateur et conservateur, enhardi par la marche du temps et de ses progrès ; Diderot et son brûlant amour de l'humanité, avec l'éminence de sa perspicacité et de son savoir, devenu incapable de se livrer

aux écarts de son imagination fougueuse et de
ses fugitivement bouillonnantes effervescences.
Voilà le spectacle qui ne s'était pas encore vu
jusqu'ici, que personne encore n'avait su prévoir et supposer, et que nous offrit B. Constant depuis le moment de son apparition à la
Chambre des députés, durant ces longs combats de géans qu'il livra pour le système progressif et pacifique de la Charte constitutionnelle, jusqu'au moment où la perversité et la
démence de ses ennemis la firent triompher en
l'asseyant enfin sur ses bases solides et durables. Loin de moi de vous en dire davantage
sur cette partie, si présente encore à nous tous,
des époques et des jours incomparablement mémorables qui ont passé devant nous, et dont
tous nous avons reçu les profondes et ineffaçables impressions! Comme son digne panégyriste et ami, qui fut un instant son collègue
à la Chambre des députés *, où l'envoya la
ville qui, par la diversité de son illustration
littéraire, de ses souvenirs politiques et nationaux, de ses besoins et de ses droits religieux,
fut si justement digne et enorgueillie dans ces
derniers temps, de voir son digne représentant

---

* M. Coulmann, de Strasbourg, député du Bas-Rhin.

dans notre immortel citoyen , je ne le suivrai pas
à notre tribune parlementaire, où la France fut
si long-temps fière et heureuse de le voir ; mais
je citerai quelques paroles de cet écrivain député que j'ai déjà désigné plus haut , parce que
ces paroles me paraissent bien dignes de leur
sujet , et que je ne me crois pas capable d'en
égaler la courte , énergique et élégante expression : « Là, dit-il , ses combats , ses triom-
» phes sont présens encore à toutes les mé-
» moires : c'est aux orateurs qui luttaient à
» côté de lui à dire son activité, son ardeur,
» les prodiges de cette intarissable éloquence,
» qui se surpassait toujours elle-même, et qui
» a réalisé tant de circonstances inattendues;
» je dirai seulement que, malgré les instantes
» prières de ses amis et de sa famille, il fut
» impossible d'obtenir de lui de négliger les
» devoirs qu'il avait acceptés et qu'il chéris-
» sait. Il aimait cette tribune comme le trépied
» sacré où il retrouvait toujours sa verve et
» sa foi ; et, s'il prétendait être impuissant à
» subjuguer des individus, il se sentait fait
» pour parler aux masses qui excitaient tout
» son intérêt et toute sa sympathie ; c'était
» à les servir et à leur plaire qu'il consacrait
» les riches dons que la nature lui avait faits.

» Etre chéri, être applaudi par elle faisait
» tressaillir toutes les fibres de son cœur ; et
» ce n'était pas pour faire de la popularité le
» marche-pied de son ambition qu'il la dési-
» rait, qu'il lui consacrait son repos et ses
» forces : non, il l'aimait pour elle-même ; il
» la considérait comme l'unique récompense de
» ses travaux, l'unique gloire de ses jours.
» Qu'on ne croie pas, quelque faiblesse qu'il
» eût pour cette royauté de l'opinion, qu'il
» lui ait jamais sacrifié ses principes politiques :
» non ; son amour pour le peuple était sin-
» cère et vrai. Là où d'autres pouvaient voir de
» la flatterie, il n'y avait que du dévoue-
» ment. Il suffit d'avoir connu à fond cette
» nature charitable et populaire, ce laisser-
» aller généreux, ce respect de tous les droits,
» cette absence de toute vanité de naissance,
» ce profond sentiment de l'égalité de tous les
» hommes, pour être convaincu qu'il cédait,
» dans ces théories, à des convictions, et non
» à des calculs. » Ces paroles furent prononcées dans une séance solennelle de la Société
de la morale chrétienne, peu de temps après
qu'elle eut perdu, dans notre grand citoyen,
l'un de ses plus dignes présidens, l'un de ses
ornemens et de ses fondateurs. Tel qu'il vient

de, nous être représenté, tel fut B. Constant, comme écrivain et surtout comme député, durant les longues années de la restauration, sous le ministère de l'homme d'état conciliateur, que ceux dont les efforts tendaient à rendre sa marche plus assurée dans l'intérêt de la nation, prévoyaient devoir tomber bientôt sous ceux de ses vrais et implacables ennemis, et qui tomba en effet le lendemain d'un crime affreux et isolé ; qui peut douter qu'il le fût? et que je vis notre grand citoyen, le jour même où il fut commis, pleurer amèrement, et pour lui-même et pour les conséquences qu'aussitôt il en prévit pour la patrie. Sous le ministère encore conciliateur qui lui succéda, sous le ministère esclave de la contre-révolution, qui, sans la vouloir avec violence, en eut lentement amené le triomphe (24) ; sous le ministère doué de lumières et de vertus, imposé, par la force des événemens et de premiers et sanglans préludes, à un prince toujours aveugle, et de jour en jour plus aveuglé, et qui brûlait de courir à sa perte ; ministère loyal, qui seul aurait pu fermer, devant celui qui le trompait, le précipice qui s'ouvrait devant lui-même, et auquel notre grand citoyen se serait rallié un des premiers, avec la plus loyale sincérité, s'il eût pu un seul instant fermer les yeux sur l'impossibilité de le défendre contre ceux qui l'entravaient avec perfidie, obligé de se résigner à sa durée éphémère, dont il prévoyait si bien le terme inévitable et prochain (25); sous le ministère enfin qui, en soulevant l'indignation, prépara et assura la délivrance nationale; alors B. Constant la prévit, l'espéra ; alors seulement il commença à la regarder comme assurée et inévitable. Le dirai-je, cependant ? oui, car il est de mon devoir de le faire ; ce n'est pas sans inquiétude, sans terreur, qu'il vit s'approcher cet instant de justice, de rémunération, de gloire, d'allégresse et d'espérance. Un soir, chez l'illustre ami de Washington, lorsque l'excès de l'oppression, de la démence et du parjure eurent réuni autour de son nom, partout et toujours si vénéré, tous les hommes éclairés et prévoyans, tous les hommes de bien, de sens et d'honneur, et que l'on pouvait dire, dans ces réunions de l'ancienne cause nationale, dont s'avançait le nouveau triomphe, comme notre grand tragique dans son chef-d'œuvre de la *Jérusalem nouvelle* : D'où lui viennent les enfans que dans son sein elle n'a point portés (26)? Un jour, dans un groupe de jeunes en-

thousiastes , on m'interpella vivement en me disant : « Si une révolution devient nécessaire , que désirez-vous, que prévoyez-vous ? — Si une révolution devient nécessaire, et je vois bien qu'elle le deviendra, répondis-je (nous étions dans un coin de ces vastes salons , éloignés des illustres maîtres de la maison, et de ceux qui les entouraient de leurs hommages) ; sincèrement je désire une dynastie nouvelle , une dynastie nationale , et un dénouement semblable à celui de la révolution d'Angleterre. » Et aussitôt on m'oppose l'exemple des Etats-Unis d'Amérique, leurs vertus, leurs triomphes et leur indépendance ; je répondis que c'était un peuple simple , modéré et religieux : mes objections furent victorieuses auprès des uns , vaines auprès des autres. Je m'approchai alors de notre immortel B. Constant , que venaient de quitter, dans un coin tout opposé , deux de ses collègues et de ses amis les plus accoutumés et les plus dignes de ses intimes et affectueux épanchemens. Je lui fis part des appréhensions diverses qui m'agitaient en ce moment : « Que voulez-vous, dit-il (ce furent ses propres paroles), le gouverne-
» ment veut absolument se faire renverser;
» et, quand il sera tombé, nous serons, je

» crois, long-temps encore bien à plaindre. »
Ces pénétrantes et sérieuses prévisions, il eut bientôt à la fois la joie et la douleur de les voir se réaliser : pourquoi faut-il qu'il n'ait pu avoir aussi la consolation délicieuse d'en voir déjà se dissiper les épais et sombres nuages! Une révélation historique, pareille à celle que je viens de vous faire, a déjà été faite aussi par l'ingénieux biographe dont j'ai déjà parlé, et que j'aime à rappeler pour confirmer la mienne. B. Constant, sentait, dit-il, que la rudesse du jeune libéralisme, (et j'ajouterai que le tort de notre grand citoyen était de l'avoir souvent trop flatté, lui qui souvent savait à peine le comprendre), s'accommodait mal de son esprit si poli et conciliant; et plusieurs fois, continue-t-il, dans les soirées du général Lafayette, il avait eu à lutter publiquement avec les meneurs des sociétés secrètes et cette génération toute bouillante qui, d'un bond, voulait le dépasser : c'est ainsi que ce qui est juste et exact est de toutes parts attesté comme tel. Les destins s'accomplirent ; le frère du prince infortuné qui, spontanément abandonné à son propre mouvement, s'était entouré, à l'aurore de notre révolution, de Necker, Turgot, Malesherbes, pour ne pas éloigner de lui les hom-

mes furieux ou insensés dont il épiait depuis si long-temps le moment de s'en entourer, et que nos dignes Représentans avaient flétris du titre d'incompatibles au nom de la nation qui les avouait avec énergie, se résolut à ces criminelles ordonnances qui, pour lui donner le plus faible espoir de réussir dans ses absurdes résolutions devenues irrévocables, étaient devenues, il faut le dire, déplorablement et criminellement nécessaires, sinon dans tout ce qu'elles avaient d'absurde, du moins dans ce qu'elles avaient d'illégal. La nation se leva comme un seul homme; avant que le sublime et heureux mouvement de la capitale fût connu dans nos provinces, sans que des légions armées se soient élancées d'aucune de leurs contrées, par l'effort et l'élan spontanés de nos généreuses populations, le drapeau national flottait déjà d'un bout de la France à l'autre, et le prince qui l'avait porté, comme le dit quelques jours après le jeune et noble barde de ces journées immortelles, qui l'avait porté aux beaux jours de notre histoire, dégagé par le parjure de la foi qu'il avait si long-temps gardée à ses sermens, prit enfin entre ses mains, de celles de nos dignes députés, ce pouvoir national que les plus vrais et sages amis de la patrie désiraient depuis si long-temps voir confier à ses lumières et à ses vertus. Hélas ! durant ces grandes et délicieuses journées, notre immortel, notre excellent B. Constant était prêt de succomber aux plus graves, cruelles et opiniâtres douleurs ; il venait de subir une opération qui lui en fit souffrir de nouvelles et d'aiguës, et qui mettaient déjà sa vie dans un extrême danger. On sait la missive qu'il reçut d'un ami pour lui annoncer les événémens de la capitale, et de quelle façon il y répondit, en venant (ce furent leurs expressions) apporter sa tête dans le jeu qui s'y jouait. Infirme (il l'était depuis plusieurs années ; l'âge et les souffrances l'avaient rendu plusinfirme encore), il fut obligé de traverser à pied les plus vastes quartiers de cette immense capitale encombrée encore des barricades qu'avait élevées son héroïque population. On le reconnut, et avec l'enthousiasme le plus inexprimable, il fut porté en triomphe depuis le Luxembourg et le Palais-Royal jusqu'à l'Hôtel-de-ville. *Vive B. Constant ! vive l'ami du peuple !* s'écriaient des milliers de voix de tous les rangs, de toutes les classes de la société. B. Constant, l'ami du peuple : ce nom et ce titre réunis disaient assez déjà ce qu'était notre glorieuse révolution nouvelle, ce qu'elle persistera à rester, malgré les efforts de la présomption et de l'inexpérience, de l'égoïsme, de la perversité et de toutes les passions insensées. Le jour où lui fut donné, par la voix unanime du peuple et des sages, ce titre que, dans les premiers et terribles commencemens de notre glorieuse révolution, osa porter cet atroce et dégoûtant Marat, dans lequel se réunirent le crime, la démence et la stupidité ; le jour où il fut donné au défenseur austère et inflexible de l'ordre, des lois, de la morale et de la justice, à l'homme le moins incapable pour accomplir ce que sa raison regardait comme le plus éminemment nécessaire et précieux, pour les plus pressans et justes intérêts, à rien de ce qui répugnait à son âme et à sa conscience, à l'homme par excellence de la douceur, de la transition et de la délicatesse ; ce jour-là, on pouvait espérer et croire que rien de ce qui, lors de nos premiers malheurs, avait rendu impossible une sage et vraie liberté ne pourrait aujourd'hui en empêcher le triomphe. La justice du nouveau et digne chef de l'état ne tarda pas à éclater pour lui; ce titre de conseiller d'état, qu'il eut tant de peine à accepter du conquérant que trop tard il avait vu se réconcilier avec la liberté, il l'accepta, sans hésiter des mains du roi-citoyen qui jamais n'avait abandonné sa cause; et il fut appelé de plus à un poste, où sa capacité la plus éminente, celle de faire des lois à la fois justes, fortes et populaires, serait devenue si immensément féconde, à la présidence du comité de législation, et qui allait être suivie, si on l'eût conservé plus long-temps, de sa nomination à la place où surtout ses lumières eussent été si vives et fertiles, à la présidence du conseil-d'état lui-même. Je le vis peu de jours après ces événemens qui nous semblent plus prodigieux, à mesure que nous nous en éloignons davantage; je le vis souffrant et épuisé, mais avec toute l'éminence de sa raison et la bonté de son cœur : « Etes-vous content? lui demandai-je après nos premiers embrassemens. — Oui, sans doute, me dit-il; nous avons obtenu beaucoup, et nous obtiendrons encore bien bien davantage (ce furent là ses propres expressions). Puisque nous étions forcés à une révolution, ajouta-t-il, nous ne pouvions en avoir une meilleure. » Ce fut toujours là, en effet, sa pensée tout entière. L'expression la plus identique que j'ai jamais entendue, à ce que je savais être le fond de la pensée et de la conscience de B. Constant, ce furent ces mots d'un des hommes d'état les plus distingués que la révolution de juillet avait un instant élevés au pouvoir : « Et nous nous étions toujours réservés, » disait à la fin d'une de ses brillantes improvisations M. le comte Molé à la tribune de la Chambre des pairs, « un changement de » dynastie, si on nous y forçait. » Ce mot, si on nous y forçait, est caractéristique de ce que voulaient la France elle-même, ceux de ses dignes mandataires à la tête desquels brillait notre illustre écrivain, et le prince même qui n'a pu refuser plus long-temps de monter enfin sur le pavois national. Je ne le quittai pas, dans ce premier entretien depuis le jour de notre délivrance, sans recevoir un nouveau témoignage de son amitié, qui fut, hélas! le dernier, et qui rend impossibles des limites et un terme à mon éternelle reconnaissance. En parlant aux nouveaux dépositaires du pouvoir suprême de mes anciens titres à leur bonté et à leur appui, il parla de mes travaux avec l'emphase de l'amitié, avec justice et vérité de mon invariable attachement à la cause nationale. De grands, d'honorables citoyens joignirent leur voix à la sienne; leur suffrage également devint ainsi son ouvrage. Je le quittai, convaincu plus que jamais que sa raison et son cœur étaient toujours les mêmes (27), revêtu d'éminentes fonctions, et sur le point d'être appelé à en occuper de plus éminentes encore. Accueilli, recherché par le Roi des Français, par son auguste et vertueuse famille, avec la haute distinction que réclamaient et obtenaient en sa faveur les lauriers de la gloire, du patriotisme et de l'humanité, il avait reçu ainsi, du moins l'assura-t-on et l'a-t-on cru généralement, un témoignage éclatant d'une royale ou plutôt d'une nationale munificence, mille fois juste et méritée, mille fois due aux douleurs, aux privations, aux sacrifices de sa glorieuse vieillesse. Pour l'accepter, il n'avait mis qu'une seule condition (tous ses biographes sont unanimes pour l'attester) : c'est qu'il garderait toujours, dans son langage et ses actions, la plus entière, la plus inflexible franchise : « C'est bien ainsi que je l'entends, » lui répondit le Roi des Français; et B. Constant prouva bientôt lui-même combien il le voulait sincèrement; et, quoique bien convaincu qu'il n'y avait de salut et d'avenir pour la France que dans l'affermissement du pouvoir national, que toutes les passions et toutes les erreurs assiégeaient à sa naissance, il défendit, comme

il le pouvait, dans la position où il se trouvait
encore, contre ceux avec lesquels, à travers
tant d'épreuves et de souffrances, il avait combattu pendant de si longues années, pour une
cause maintenant triomphante, et cette liberté vitale de la presse qu'on devrait plutôt
appeler la liberté de l'expression de la pensée,
contre les dangers de ses propres et rapides
égaremens, qui ne pouvaient manquer d'en
devenir bientôt pour la patrie et la liberté.
Qu'on relise ces discours qui précédèrent de si
peu de semaines l'instant fatal où il nous fut
enlevé, et l'on se convaincra que pas une de
ses paroles d'excuses, de sentimens et d'affection, que lui inspiraient ses souvenirs et sa
délicatesse, qui n'étaient accompagnées que de
paroles de regrets, de reproches, douces, pa-
ternelles et conciliantes. Il avait changé, dit-on
de toutes parts, d'opinion sur l'hérédité de la
Chambre haute (28) : je le crois, j'en suis même
convaincu; car il l'était, lui, de l'impossibilité de détruire, sur cette question politique,
des préventions devenues générales, et que le
gouvernement conquis par la nation ne saurait
abuser, contre les intérêts de sa liberté, de l'influence immensément plus grande que lui don-
nerait une nomination viagère, de quelque

forme modératrice qu'elle soit accompagnée.
Enfin, au milieu des déplorables épreuves qui
étaient encore imposées à notre chère et glorieuse patrie, dont l'approche et le pressenti-
ment empoisonnèrent ses derniers jours, et en
hâtèrent le terme qui, en arrivant, répandit
le deuil sur la France et le monde civilisé,
s'ils l'eussent conservé plus long-temps, quelle
eût été, peuvent se demander quelques-uns, la
place où il fût allé, où il eût continué de s'asseoir ? Lié, par la conviction la plus profonde,
au gouvernement qui, le lendemain de sa naissance, l'avait appelé dans ses conseils aux accla-
mations de la nation entière ; lié de la plus ancienne, de la plus tendre amitié avec quelques-
uns des illustres patriotes que les adversaires
de ce gouvernement prenaient pour étendards,
mais qu'ils n'eurent jamais pour chefs et pour
approbateurs, quelle pouvait être sa position
individuelle et politique dans ces jours terribles
et, grâce au ciel, déjà loin de nous ? je l'ignore,
et il me serait impossible d'en juger ; mais toujours notre grand citoyen eût été et fût resté
lui-même. Homme d'état, conseil du prince,
son génie et son expérience eussent été consacrés jour et nuit à rendre de plus en plus nos
lois et nos institutions justes, fortes, fécondes,

libérales et populaires ; les nobles et jusque-là malheureux efforts des peuples qui furent les premiers à imiter le sublime exemple que nous venions de leur donner, surtout de l'héroïque et de l'admirable Pologne, eussent trouvé, dans son cœur, de vives et brûlantes sympathies. Homme profond et politique, il eût vu que la France, par une agression insensée, mettait en danger la liberté qu'elle venait de conquérir, et avec elle celle de l'avenir et du monde entier. Dans les conseils de l'état et du prince, il eût été par excellence l'homme de l'opinion et du mouvement libéral et progressif. Simple député, il eût joint sa voix, en faveur de tous les patriotes infortunés du monde, à celle de son ancien, illustre et vertueux ami, Lafayette; elle se fût jointe aussi à celle d'un autre de ses plus dignes amis et collègues, cet ingénieux et modeste Victor de Tracy, pour demander l'abolition entière et irrévocable de cette peine de mort odieuse, illégale, inutile, dont les implacables rigueurs ne donnèrent la durée ni à la terreur révolutionnaire, ni au glorieux et redoutable empire, ni à l'hypocrite et parjure restauration, et dont l'imaginaire nécessité disparaît par les lois, la justice et la prospérité publique. Mais combien sa lumineuse éloquence

n'eût-elle pas été consacrée à montrer l'indestructible nécessité, pour le bonheur et la gloire
de la France, d'un gouvernement qui, fondé
sur le triomphe de la cause nationale, ne peut
s'affermir que par l'accomplissement entier et
progressif des vœux et des espérances de la nation elle-même ! Homme de l'avenir et du passé,
capable, par ses hautes lumières, de distinguer le passé, dont les souvenirs moraux sont
disparus de celui qui en a conservé encore, il
eût vu, dans le Roi-citoyen que la France a
choisi, le guerrier patriote de nos victoires nationales, le prince philosophe instruit et populaire, et le digne descendant de Louis XII et de
Henri IV, à juste titre surnommés les pères du
peuple ; les époques de justice et de vertus de
nos annales françaises lui eussent paru plus dignes de nos sympathies que les symboles et les
croyances de nos ancêtres si reculés, adorateurs
du chêne et du gui sacré; enfin, comme son
immortelle amie, il pensait que c'est le despotisme qui est nouveau, et la liberté ancienne,
et que c'est par elle, avec les progrès et les
modifications amenés par le temps et par les
lumières, que doit finir la révolution française
qui a commencé par elle. Enfin, sur les bancs
de l'opposition législative, notre grand citoyen

eût été l'homme du gouvernement et de l'autorité, comme, dans les conseils de l'état et du
prince, il eût été l'homme des doctrines et des
intérêts libéraux et populaires. Nous appro-
chons du moment, aux souvenirs cruels et sombres, qui nous l'enleva, lorsqu'une telle carrière
s'ouvrait encore devant lui, pour lui-même et
pour la patrie; ce fut aussi le moment d'une
nouvelle peine pour lui et d'une pénible surprise pour ses amis, et dont il faut regretter de
voir le souvenir dans les annales d'un corps
illustre par nos plus grandes illustrations de
l'imagination et de l'éloquence, mais qui, je puis
l'affirmer avec une consciencieuse solennité,
ne lui causa d'autre affliction profonde et sérieuse, que celle, grave, il est vrai, dans l'état
physique où il se trouvait, que lui fit éprouver
le sentiment pénible du désapointement sur
des amitiés dont il se croyait depuis long-
temps assuré. Tirons nous-mêmes le rideau,
avec une respectueuse pudeur, sur ce fait, qui
appartient à la conviction et à la conscience
d'hommes de génie et de beau caractère, hon-
neurs de la patrie et de la civilisation; soyons
convaincus, comme nous devons l'être, qu'é-
branlés un instant par les fugitives influences
du jour, ils espéraient tous conserver encore

*

long-temps le grand écrivain auquel bientôt
ils auraient offert ensemble les lauriers que la
France et l'Europe cultivée lui faisaient depuis
long-temps partager avec eux, dans leur juste
admiration ; qu'en appelant d'abord au milieu
d'eux l'ingénieux et brillant poète de la liberté et
de la civilisation, que je puis appeler mon collègue et mon ami*, en même tems que l'éloquent et
profond professeur et écrivain qui rendit, parmi
nous, de si immenses services à la philosophie
religieuse ** ; ils étaient loin de s'attendre à la
prompte disparition de l'admirable explorateur
du sentiment religieux, de l'inapréciable défenseur de l'indépendance politique dont le jeune
disciple de Leibtnitz et de Kant, leur nouveau
et digne collègue, était lui-même l'ami et
l'admirateur. Ces suffrages enfin, qui deman-
dèrent pour lui un titre qui, dans des jours
devenus plus sereins, lui eût été sans doute dé-
cerné d'une voix unanime; qu'il me soit permis
de les supposer tour-à-tour accordés par chacun
de ceux dont les talens et la renommée ont le
plus de titres à mes tributs d'admiration et
de reconnaissance; mais, je dois le répéter,
cet échec, qui, pour lui, ne pouvait pas

---

* M. Viennet.   ** M. Cousin.
Dans le même scrutin, Benjamin-Constant obtint
neuf suffrages.

mériter ce nom, n'a pas eu sur lui un seul instant l'influence qu'on a pu lui supposer, d'après des paroles prononcées à son heure suprême, et qui se rapportaient tout entières aux calomnieuses interprétations, dont sa loyale et sa patriotique conduite était l'objet, de la part de quelques hommes aussi peu capables que dignes de l'apprécier : « On se trompe bien » fort sur les motifs de ma douleur, » me dit-il la dernière fois, souvenir cruel ! qu'il me fut donné de le voir et de l'entendre : « les maux » de la patrie me déchirent le cœur, et je » crains tout pour l'avenir de la France. » Peu de jours après, au moment où me menaçaient les haines qui me poursuivaient et me poursuivent encore, excitées par les inquiétudes des suites consolatrices que pouvait avoir pour moi la généreuse bienveillance de notre grand citoyen, et quand l'amitié avertissait et conjurait ma prudence, un accident mystérieux me jette sur un lit de douleur, et m'impose l'arrêt de cette infirmité qui fut la sienne aussi, et qui me fait aujourd'hui réclamer de votre part la même indulgence pour mon état physique que pour mes faibles talens, dans la tâche imposante que je viens de remplir. Notre illustre et excellent citoyen, luttant lui-même déjà contre ses dernières souffrances, prit aux miennes une part digne de lui : l'expression m'en fut rapportée comme un baume consolateur. Hélas ! quelques jours après la couche de mes douleurs physiques fut celle de mes plus vives, de mes plus éternelles douleurs morales ; lorsque cette vaste capitale tout entière accompagna sa dépouille mortelle vers le lieu où elle repose, au milieu d'une famille chérie qui aurait voulu me cacher une triste nouvelle dont elle ne put sitôt me consoler, mes larmes amères et solitaires coulaient en même temps que celles de tous les appréciateurs du génie et de la bonté, dans la capitale, et bientôt dans la France et l'Europe entière.

Quelques mots encore sur les jugemens dont, sous plusieurs rapports, B. Constant a été l'objet.

On a parlé beaucoup du contraste de sa timidité, de sa gaucherie dans tout ce qui le regardait personnellement, et de son inflexible fermeté dans tout ce qui regarde les affaires publiques : comme si l'orgueil et la suffisance étaient autre chose que l'amour de nous-mêmes, le mépris des autres et l'insensibilité pour ce qui les touche ; comme si le courage et la fermeté étaient autre chose que le mépris de nous-mêmes et l'amour de nos semblables :

aussi rien de plus inébranlable et en même temps de plus doux et de plus modeste que le guerrier inébranlable au milieu des combats, le grand citoyen résistant aux fureurs des factions, et ce sexe faible et timide s'abandonnant à ses généreuses et saintes inspirations. Son génie et ses imposans services sont appréciés partout comme ils doivent l'être ; sa bonté, la profonde et brûlante sensibilité de son âme sont loin de l'être également. On lui a supposé des défauts qui, fussent-ils vrais, ne porteraient aucune atteinte aux nobles qualités de son cœur, et dont il n'y a de prouvé que l'exagération et l'inexactitude des récits dont ils furent le sujet ; mais ce qu'on est loin de savoir, comme on le devrait, ce sont le caractère et les habitudes de bienfaisance et de charité : noble parure de sa vie privée, comme le courage, le patriotisme et l'amour de l'humanité de sa vie publique. Je pourrais citer une foule de traits admirables et inconnus que les circonstances particulières ont dû transmettre à ma connaissance et à mon admiration. Homme du monde, de société et de plaisirs, B. Constant cachait avec autant de soin ses plus édifiantes actions de vertu et de charité que d'autres cachent leurs vices et les mauvaises actions que leur inspirent l'égoïsme et l'orgueil ; lui était, pour le dire d'un seul mot, un véritable tartufe d'insouciance, de légèreté ou de profane mondanéité (29).

Combien l'éclat de son nom ajoute-t-il d'éclat à ceux des noms dont un peuple libre et moral, par l'influence de la morale et de la liberté, a pu enrichir deux littératures, deux nationalités européennes! C'est à la Suisse allemande que l'Allemagne doit Gessner, le Théocrite de l'Helvétie; Jean Muller, le Tacite des temps modernes; Lavater, physiologiste, poète et orateur religieux ; Haller, médecin et poète philosophe ; c'est à la Suisse française que la France doit l'immortel auteur de l'*Emile*, du *Contrat social* et de la *Nouvelle Héloïse* ; Necker, homme d'état, écrivain et moraliste ; son immortelle fille ; leur digne ami, le profond et éloquent historien de l'Italie du moyen âge, Simonde de Sismondi ; Bonnet, Saussure, et, de nos jours, Decandole, heureux explorateurs et peintres de la nature. Mais toutes ces gloires, dont la Suisse a doté la France et l'Allemagne, ne sont-elles pas égalées par celle de l'homme excellent et universel, qui mérita si bien de la science et de l'humanité par l'exploration du passé, la défense du présent, les prévisions de l'avenir et de ses intellectuelles régions célestes, et ses heureux succès pour la con-

servation de nos plus justes biens de ce monde.
Honneur donc à l'union de la morale et de la
liberté; honneur surtout à celui qui, avec
tant de gloire, a su les servir l'une et l'autre!
Quand toutes les deux seront assises enfin sur
leurs bases réelles et solides, la justice, le
travail, la vertu, la modération, la bonté;
quand, sous des formes diverses de gouvernement et d'autorité sociale, la civilisation aura
étendu ses conquêtes, et que tous les peuples
civilisés seront heureux, justes et libres, et que
les expressions diverses de croyance et d'espérance religieuses se seront, par leur perfectionnement progressif, fondues, comme l'annonce
aux uns la foi, aux autres la philosophie, en
un seul culte, en une seule croyance digne de
l'espèce humaine, de son origine et de sa des-
tination, qu'il sera grand, brillant et révéré
le nom de l'homme extraordinaire par le génie et les intentions, qui a désiré, prévu et ac-
céléré ces immenses et délicieux résultats que
le passé et le présent réservent et préparent à
l'avenir de ce monde! Quelle place son souvenir
et son nom occuperont dans l'embrâsement
des flammes qui se communiquent, dans l'enchaînement des anneaux brillans qui s'entre-
lacent depuis l'origine des sociétés humaines

jusqu'à leur dernier perfectionnement ou leur dernière destruction !

Tant de justes hommages, Messieurs, resteront-ils inconnus à celui qui en fut l'objet et qui l'a si bien mérité? Ah ! gardons-nous de le croire et d'admettre une destruction entière que lui-même nous dit avoir en vain cherché à concevoir, sans avoir eu jamais le malheur d'y parvenir*. Matière et élémens, âme et esprit, tout dans la nature est également indéfini, indestructible; tout s'affaisse et se dégénère, tout s'ennoblit et se relève ; les corps roulent continuellement dans les vastes espaces; mais un souffle divin les soutient et les féconde. La dépouille périssable de l'ami que nous pleurons est retournée vers les élémens d'où elle est venue ; son âme et son génie sont retournés dans les sources éternelles de la vie, radieux de la gloire qu'ils ont acquise dans la sphère qu'ils ont parcourue. Il

---

* Ce sont ses propres expressions dans un des passages de son livre sur la religion, si riche en morceaux brillans d'imagination, de profondeur et de sensibilité, où tour-à-tour les tristes et spécieux motifs d'une incroyance désolante, les charmes sérieux et encourageans de la foi, sont exposés avec un talent que peu d'hommes supérieurs ont égalé, que nul n'a surpassé encore.

a été permis peut-être à notre immortel ami de pencher l'attention de ses nobles facultés vers l'enceinte d'où il vient de recevoir un hommage si peu digne de lui, mais honoré de sympathies qui lui furent toujours si chères; et c'est aujourd'hui surtout qu'il nous sera doux à tous de nous écrier :

Consolante immortalité, non, non, tu n'es pas une chimère !

NOTES.

(1) La séparation de la Hollande et de la Belgique doit être regardée comme à jamais irrévocable, et, sous le sceptre constitutionnel du digne gendre du roi des Français, la nationalité belge, peu réelle dans le passé, commence, dès à présent, une existence qui promet un noble avenir; mais les Hollandais ont toujours été de dignes descendans des Bataves; chez eux, et pour eux, le roi Guillaume a toujours été un digne fils de Nassau.

(2) Raynal vivait encore. Parvenu à l'extrême vieillesse, il adressa à l'Assemblée constituante, par le célèbre Malouet, une lettre généralement alors connue. Voltaire a adressé, sur la fin de sa carrière, des lettres à l'illustre Malesherbes, et dans lesquelles il exprimait une vive douleur des tendances et des doctrines de Dholbach et de ses partisans; elles vinrent entre les mains de feu mon illustre et vertueux compatriote, Lacretelle aîné, qui me fit part de plusieurs d'entre elles; elles seront sans doute un jour publiées par sa digne famille. Je parlais, dans l'endroit du texte auquel se rapporte cette note, de cette époque de l'Assemblée constituante si féconde en talens immortels qui suivit le 14 juillet, quand les vues du premier comité de constitution étaient devenues alors inexécutables, et que la plupart des hommes supérieurs qui le composaient, Mouniez, Clermont-Tonnerre, Lally-Tollendal, avaient quitté la France, ou perdu toute influence politique.

(3) Le farouche comédien Collot d'Herbois; le savant et pieux Évêque de Blois, Grégoire, qui fut mon compatriote, le premier protecteur de mes travaux littéraires, auquel je dédiai mon premier ouvrage en faveur de mes co-religionnaires, *l'appel à la justice des Nations et des Rois*, adressé au congrès de Luneville, et qui parla de moi avec affection à son heure suprême, à l'instant où j'étais moi-même gisant sur un lit de douleur.

(4) J'examinerai ici, dans une note de la seconde édition de cet ouvrage, quelles eussent été probablement les suites de la célèbre bataille de Nervinde, si elle eût été gagnée par l'illustre Dumouriez, à la tête de l'armée du Nord.

(5) Je dois ici un souvenir à cette Anglaise illustre, amie des patriotes français; à ses dignes neveux, éloquens et vertueux orateurs et écrivains religieux; à des amis et des collègues avec lesquels j'ai passé, dans des jours plus heureux pour moi, de doux et flatteurs instans, et devenus, aujourd'hui, de dignes et honorables administrateurs et magistrats.

(6) J'examinerai ici, dans une note de la seconde édition, quel eût été le cours probable des événemens publics, à l'époque du célèbre 18 fructidor, si le Directoire exécutif eût succombé sous les différens partis qui lui étaient contraires; j'aurais dû citer aussi, parmi les hommes célèbres qui figurèrent à cette époque, le malheureux Pichegru, qui mourut coupable, mais dont la vie entière n'est pas, je crois, encore entièrement jugée.

(7) J'examinerai également ici, dans une note de la seconde édition, quelles eussent été probablement les événemens publics, à l'époque du 18 brumaire, si Bonaparte était revenu quelques mois plus tard des rives africaines, d'après des conversations avec d'illustres contemporains, particulièrement avec Benjamin-Constant lui-même. C'est d'après des conversations semblables que j'avais conçu, quelque temps avant la révolution de juillet, un dessein, honorablement encouragé, de publier un ouvrage qui eût été intitulé : *Considérations nouvelles sur la Révolution française, la marche quelle a suivie, celle qu'elle aurait pu suivre et les résultats qu'elle pourrait encore avoir......*

(7 *bis*) L'ancien évêque de Blois, Grégoire, dont il a déjà été parlé.

(8) Charles Villers fut mon compatriote ; ce fut dans les sociétés distinguées de la capitale que je le connus et l'appréciai, lorsque j'y fus moi-même accueilli dans ma jeunesse ; j'ai consacré, dans le *Mercure de France*, une Notice à sa vie et à ses ouvrages, quand il fut enlevé à Gœttingue, à la France, à l'Allemagne et à la philosophie, en 1815.

(9) Charles Villers a fait sur Gœttingue, son université, son académie, tous ses monumens et ses souvenirs littéraires et historiques, un de ses ouvrages les plus remarquables, et qui me dispense d'en parler moi-même davantage.

(10) Strasbourg, ville chère aux lettres, aux sciences, aux arts, à la religion, libre avant d'être française, et, depuis qu'elle est française, si attachée à la France et à la liberté. Elle a perdu un des hommes auquel elle était justement énorgueillie d'avoir donné naissance et prodigué ses premiers encouragemens, dans le vertueux et éloquent pasteur Gœpp, rival de Klopfstock sur le même sujet, par un autre genre de beauté, dans son beau poëme allemand *der Erlœser le Rédempteur*. L'Allemagne le comptait parmi ses plus grands poètes ; j'espère encore le faire apprécier ainsi en France.

(11) J'ai donné une suite à cet article dans une dissertation intitulé *du Rabbinisme et des Traditions juives*, pour faire suite, à l'article *Judaïsme* de M. Kératry, dans *l'Encyclopédie moderne* ; elle a paru précédée d'une lettre bien flatteuse de B.-Constant.

(12) Une des écoles centrales les plus distinguées de la France fut celle de Nancy, ma ville natale ; c'est une justice qui lui a été rendue, à la tribune du Conseil des Anciens, par un de ses membres les plus distingués, qui l'est à présent de la Chambre des Pairs, le comte de Cessac, alors général Lacuée. Mes principaux condisciples de cette école, presque tous mes premiers amis, sont, presque tous aussi, placés, d'une manière éminente, dans les différentes parties du service public, ou dans les carrières les plus distinguées de la société. Les hommes distingués et vertueux qui y furent mes professeurs, ont été ou sont encore mes collègues à la Société académique de cette ville, fondée par le sage et bienfaisant Stanislas, rétablie au sortir de nos troubles politiques par un compatriote qui, par son talent et son courage, a honoré, dans diverses assemblées, la tribune nationale, Mollevault, dont les dignes fils sont, tous les deux, distingués par de beaux talens littéraires et de nobles sentimens religieux, dont l'un s'est voué avec gloire aux lettres, l'autre avec dévouement à la religion ; Société féconde en tous les temps en illustrations de tous les genres, et qui compte encore aujourd'hui dans son sein deux correspondans de l'Institut, l'un, chimiste d'une réputation européenne ; l'autre, savant aimable, d'une famille où la science, l'amabilité et la vertu sont les biens de famille ; le modèle des héros et des sages, et un ami cher à mon cœur, qui, en ce moment, agrandit encore sa réputation, déjà si grande et si juste, par deux ouvrages nouveaux, l'un de poésie religieuse, l'autre d'histoire patriotique ; et plusieurs autres encore, bien dignes de s'assseoir à côté d'eux.

(13) C'est dans les honorables sociétés de Benjamin-Constant que j'eus, pour la première fois, l'avantage de voir l'éloquent professeur de philosophie, interprète de Platon.

(14) On sait que j'ai été secrétaire-rédacteur de cette assemblée qui reparut soudain sur la scène du monde, que je crus dès lors et que je crois plus que jamais destinée à y reparaître un jour de

nouveau. Le bienveillant Préfet de la Seine, alors comte Frochot, sur la recommandation d'hommes distingués, et aujourd'hui de nos plus honorables illustrations, sans m'avoir jamais vu, et sur le renom de mes faibles talens et de la force et du courage avec lesquels j'avais défendu déjà la cause et l'avenir alors menacé de mes co-religionnaires, me nomma pour l'un des représentans des Israélites de Paris, où je venais de m'unir à mon épouse adorée, incomparable en mérite, et hélas en douleurs, qui venait d'y perdre un père vertueux et distingué. Ce précoce et flatteur succès a été la cause et la source des haines implacables qui depuis m'ont poursuivi et m'accablent encore, et, je le dis avec douleur, plus que jamais depuis la révolution libératrice qui devait les rendre impuissantes. Quelques Juifs opulens de la capitale, irréligieux, impitoyables, que je n'ai pas besoin de nommer, ne m'ont jamais pardonné d'avoir été, pour mes faibles talens et mon ardent courage, appelé à siéger, jeune encore, à côté d'eux ou en place d'eux, par le vertueux Préfet de la Seine de l'époque. Les malheurs de ma famille ont fait leur joie et sont leur ouvrage ; tout ce qu'a désiré leur haine, leur orgueil, leur vengeance, ils l'ont obtenu, malgré mes titres tristes et sacrés, les suffrages unanimes de l'opinion publique et de mes co-religionnaires. Tout *leur a réussi*; *que Dieu voie et nous juge.*

(15) A l'instant où je publie cet ouvrage, M. Guizot quitte encore une fois le pouvoir, ne conservant que celui que donne le talent, le savoir, la gloire et la vertu; remplacé, à la tête de l'Instruction publique, par un de nos plus dignes députés, dont j'ai été à même d'apprécier les bienfaits dont lui et sa digne famille comblent depuis long-temps la communauté chrétienne, dont eux aussi sont des plus dignes ornemens.

(16) Je ne crois pas devoir désigner la place que ces illustres et honorables citoyens, par le plus respectable motif philosophique et religieux, demandaient pour moi à Napoléon, et que le prince Lucien se disposait à demander aussi. Leurs lettres à tous en rappellent encore le souvenir entre mes mains.

(17) Ces paroles de justice sont, j'ose en être sûr, reconnues comme telles par tous les justes appréciateurs de M. le duc Decazes.

(18) A l'instant où je publie cet ouvrage, M. le duc de Broglie quitte aussi le pouvoir, je n'ai rien du tout à ajouter aux divers tributs de justice et de vérité qu'avant et pendant qu'il en fut revêtu, j'ai payé à son beau talent et à son beau caractère.

(19) Dans ce court et admirable article, Benjamin-Constant prouvait victorieusement que ce n'était pas du tout par le paganisme, disparu comme croyance à ces dernières époques de la société payenne, que les premiers chrétiens étaient persécutés ; mais par des hommes implacables, étrangers à toute croyance, même la plus imparfaite, comme à tout sentiment noble et généreux. C'est comme si, nous autres Juifs, dans les efforts que nous faisons aujourd'hui pour amener progressivement la foi antique de nos pères, à travers ses propres souvenirs, vers la future civilisation religieuse de l'humanité toute entière, nous regardions comme nos dangereux adversaires les restes, hélas tous les jours plus affaiblis, de nos anciennes et pieuses familles, tous les jours aussi les objets de nos regrets et de nos pleurs, au lieu de les voir dans les hommes sans conscience et sans foi qui leur ont succédé..... et nous oppriment.....

(20) J'ai parlé plus haut de la suite que j'ai donné à cet article.

(21) M. Decazes venait de me nommer, quand je professais le cours de littérature allemande à l'Athénée, traducteur politique

de cette langue dans son ministère; il me donna ce témoignage d'affection et de bienveillance, par le souvenir de relations que j'avais eues avec lui plusieurs années auparavant, dans une maison distinguée de la capitale, et par tout ce qu'il savait de l'intérêt que prenait à mes titres, à ma position, un illustre académicien; un de mes amis, actuellement conservateur dans une des bibliothèques de la capitale, et l'immortelle Mme de Staël, dont la bonté égalait le génie!....

(22) On me rendit alors mes entrées à l'Athénée royal de Paris, dont je jouissais comme ancien professeur.

(23) Ces parallèles peuvent paraître extraordinaires à quelques-uns; j'ose être persuadé qu'ils paraîtront généralement justes et vrais.

(24) Benjamin-Constant était loin de confondre tous ensemble les Membres de ce Ministère; dans plusieurs endroits de son ouvrage sur la Religion, il rend la plus éclatante justice aux principes de tolérance et de philosophie religieuse du célèbre auteur *des Conférences*, M. Frayssinous.

(25) L'homme estimable et distingué qui donna son nom à ce ministère, M. de Martignac, fut un des Français à qui j'ai connu la familiarité la plus complète des richesses de la littérature et de la philosophie allemande, avec Camille Jordan, heureux interprète de quelques passages de Klopstock; mes illustres compatriotes, de Serre et Charles Villers; M. de Gerando, l'historien de la philosophie, M. Guizot, et enfin notre immortel B.-Constant.

(26) Vers d'Athalie, dans la bouche de Joad.

(27) La reconnaissance me fait un devoir de nommer, parmi ceux qui se joignirent spontanément à l'expression des sentimens dont m'honorait notre immortel B.-Constant, son digne ami Lafayette, depuis enlevé aussi à la France et au monde; mes compatriotes et mes amis Marchal et Touvenel, alors députés, et deux bien dignes députés actuels, MM. Kératry et de Schonen.

(28) Je m'honore de partager entièrement ces deux convictions, et je suis convaincu aussi que le système des catégories lui eût paru remplacer, aussi avantageusement que possible, l'avantage de l'indépendance, que le système de l'hérédité, combiné comme il le voulait, avec de fortes conditions de propriété, était destiné à donner à la Chambre haute.

(29) Peu de temps avant la révolution de juillet, B.-Constant me recommanda une malheureuse et bien intéressante veuve israélite, qui luttait avec un courage admirable pour soutenir sa famille contre les malheurs les plus cruels, et qu'avait soutenu long-temps, dans ses dures adversités, la digne épouse de notre illustre publiciste, et la Société de la Morale chrétienne, dont il était alors le digne président; il m'engageait à la recommander aux Israélites de Paris, les plus connus par leur fortune, sachant, m'écrivait-il, le vif intérêt que m'inspire la classe digne d'intérêt et d'affection de mes co-religionnaires, et le crédit dont je dois jouir auprès de tous; il se trompait dans l'une, mais non pas dans l'autre de ces suppositions. Le nom de notre illustre publiciste fut, je dois le dire, une puissante recommandation; les miennes furent suivies, grâces à ce nom, de secours abondans et généreux; celle qui en fut l'objet en est plus digne que jamais; puissent-ils se renouveller comme elle le mérite! Pour une telle action de bonté et de bienfaissance, en souvenir d'un nom si justement chéri, je pardonnerais plus d'une cruelle injustice et plus d'une haine implacable!!....